教育フォーラム66
JAPAN SOCIETY OF HUMANISTIC EDUCATION

PISA型読解力

論理的な認識に導く言葉の力を

梶田叡一◎責任編集
日本人間教育学会◎編

金子書房

教育フォーラム66

特集◎PISA型読解力——論理的な認識に導く言葉の力を

CONTENTS

特集◎PISA型読解力——論理的な認識に導く言葉の力を

若き料理人の自己実現への道: Case 5 ○井上信子 ————	150
師(教師・先輩・雇い主)による薫化	
●インタビュー●筆者の連想	
あとがき○梶田叡一	167
日本人間教育学会 News ————————————————————————————————————	168
日本人間教育学会会則 —————————————————————	173
日本 人間教育学会 役員	176

特　集

PISA型読解力

論理的な認識に導く言葉の力を

特集◎PISA型読解力――論理的な認識に導く言葉の力を

●

論理構造の明確な認識と思考と表現の力の育成

直感と共感の世界を超えて

●

梶田 叡一○かじた えいいち

【PISA ショックの再来を踏まえ根本的問い直しを】…………………………

OECD が 2018年に実施した PISA国際比較調査で，また日本の子どもたち（15歳児）の「読解力」の得点が低い，という結果が示された。参加国の中で15位と，前回2015年の時の８位からも下がっている。2003年に実施された調査の結果が発表された時に「読解力」の得点が予想外に低く，「PISAショック」と呼ばれたこと，それによって当時の安逸に溺れた「ゆとり教育」の風潮に根本から衝撃を与え，「言葉の力」を土台とした「確かな学力」の育成への転換が全国民的に起こったこと，が思い起こされる。あの時期からの日本の教育界を挙げての取り組みが，残念ながら未だ十分な実をあげていない，という事実を率直に反省すべきであろう。新しい学習指導要領の完全実施の時期に当たり，もう一度新たな気持ちで「言葉の力」を土台とした「確かな学力」の育成に取り組む，という決意が教育関係者の全てに必要ではないか，と思われてならない。

PISA の「読解力」の定義は，2018年調査の際には，「自らの目標を達成し，自らの知識と可能性を発達させ，社会に参加するために，テキストを理解し，利用し，評価し，熟考し，これに取り組むこと」とされている。この定義に基づき，(1)情報の取り出しにかかわる設問，(2)情報の理解にかかわる設問，(3)情報の評価と熟考にかかわる設問，が準備されていた。このうち日本の子どもたちの成績が特に悪かったのが，(3)情報の評価と熟考にかかわる設問であり，「どちらに賛成しますか」「適切ですか，適切でないですか」「その理由を説明してください」「原因は何だと思いますか」などが問われたものであった。

なお，今回のPISA調査での成績が悪かった理由として，日本の子どもたちがコンピューターを使った解答の仕方に慣れていなかったから，ということを指摘する声があるが，それは的はずれであろう。前回の調査でも同様にコンピューターを用いた解答の仕方であったわけであるが，今回ほどには成績が悪くなかったことも思い起こされる。また「数学的リテラシー」「科学的リテラシー」の成績がそう悪くはなかったことを考えると，「読解力」の成績の悪さだけを解答の仕方に不慣れなため，とするわけにはいかない。もっと根本的な原因を考えなくてはならないのである。

結論的に言うと，日本の学校教育では，国語教育でも他の教科の教育においても，読み取った情報に関して，「どこが賛成でき，どこは賛成できないか」「どこは適切で，どこは適切でないと思うか」「そうした判断をする理由や根拠は何であるのか」等といったことにこだわった学習活動が，必ずしも十分な形ではなされてこなかった，ということなのである。直接的には国語教育を中心としながらも，実は各教科の教育の在り方の全てにおいて，特に「言葉」の扱いと，その認識や思考や判断との関連づけについて，改めての問い直しが迫られているのではないだろうか。

「PISA型読解力の弱さ」といった認識と思考の在り方の根本に関わる問題は，例えばこれこれの論理的思考に導く活動を授業に取り入れたら，といった問題（これはこれで大事な実践課題であるが）を考えるだけで済む問題ではない。ましてや，国語教科書に文学教材を少なくして実用文の教材を多くしたら，といった論議で済むようなものでもない。大きく言えば日本の文化の在り方そのものが関わる問題であり，老若男女を問わず現代日本人の意識世界の在り方と，そこでの言語の活用の仕方にまで関わる問題ではないか，と思われてならないのである。

古代ギリシャ以来の文化伝統を持つ欧米の文化と，古代中国以来の儒教文化に立脚しながらも日本独自の展開を示してきた日本の伝統文化とでは，言葉というものの意義，その認識や思考にもたらす機能様式の点で，大きな違いがある。最も基底となる相違点は，「言葉を認識構造の構築とそれに基づく論理的操作のために働かせようとするか，それとも直感的共感的に直截的な形での認識と情的コミュニケーションに用いようとするか」という点にあると言ってよいのではないだろうか。「聞く」「話す」の場合でも「読む」「書く」の場合でも，欧米的には「誰が・いつ・どこで・何を・何故に」といった5W1H的な構造的認識と，それを活用した論拠・論理の展開が大事にされる。英語での通常の会話の折にでさえ，「Why～Because」が多用される。これに対し，日本語での会話の際には「ヤバッ！」「可愛い！」に象徴されるような間投詞的一語文を次々と発する場合が多い。日本では文章にしても談話にしても感動的な一言一句が大切なのであって，5W1H的な言及や説明，理由づけ等を添えたりすれば，「理屈っぽい」といった印象をもたれるだけであろう。

極端な対比をすれば，知的な教養人だけに限っても，欧米では推理小説をはじめとする構想力豊かな大部の小説が好まれるのに対して，日本では俳句や短歌といった身辺の世界の直截な表現が好まれる，という違いである。古典文学で言えば，欧米ではシェイクスピアやホメロスといった大きな構想に裏付けられた叙事詩的「物語」が好まれるのに対し，我が国では源氏物語のように主人公をめぐる情的世界に比重が置かれた「物語」が，さらには身辺の想いや情感を歌い込んだ万葉集や古今和歌集が好まれるといった違いと言ってよい。

【欧米流の言語論理教育・言語技術教育への注目を】……………………………

日本における言語論理教育ないし言語技術教育の弱さには，こうした文化的背景の違いも想定しておかなくてはならない。いずれにせよ，日本の国語教育と大きく原理を異にする論理的な思考と対話の能力の育成が，古代ギリシャの修辞学を基礎とした欧米諸国の言語教育の基本的な在り方であることについて，もっと日本の教育関係者は理解を深めるべきではないだろうか。私自身，若い頃からドイツやフランスをはじめ欧米諸国の母国語教育の授業を繰り返し見てきた経験から，このことを痛感するものである。

もちろん，どちらが優れているか，といった話ではない。しかしながら，国境の壁を超えて人類社会が連携を強めているグローバル社会が進行している現代社会においては，日常使用している言語が日本語であろうと英語やスペイン語であろうと中国語であろうと，そうした言葉によって表現されるところ，またそうした表現の読み取りや聞き取り，さらにはそれぞれの言葉を用いた思考や判断の仕方にも，欧米の水準に劣らないものが求められざるを得ないのである。日本語を用いた伝統的な表現や読解・聞き取り，思考や判断の仕方には，他の文化的伝統には見られないほどの直感や共感の深さと豊かさといった美点がある，というのが私の見方であるが，今の時代，それはそれとして大事にしながら，言葉を論理的に使いこなすことによる構造的で機能的な認識と表現，受け取り，思考と判断が求められるのではないだろうか。

欧米の国語教育（＝母国語教育）で重視されてきた概念や論理，それを踏まえた論理的思考の力の育成が，日本では必ずしも十分でなかった，といった点を再確認し，今後の取り組みにどう生かしていくか，といった課題意識が不可欠ではないか，ということを考えさせられてならないのである。

誰にも共通する意味理解を持って言葉が通用するためには，基本となる言葉の意味をしっかりと理解し，また発信できる能力を誰もが身に付けなくてはならない。語彙の豊富さと語義の的確な理解，言葉同士の文法的関係の理解が順次達成されていくような教育が必要とされるゆえんである。さらに進んで，言葉を用いることによって事がらや状況を論理的に受け止めて自分自身の意識世界を整理して知的操作の土台とするだけでなく，そうした論理的構造を持つ形での認知的情報を交換し合い共有財産としていくという能力を身に付けていかなければならない。だからこそ，事がらや状況を 5W1H（誰が・いつ・どこで・何を・何故に）といった分析的視点から的確に読み取り，表現や主張，問題提起等の背後にある根拠を明確にすると同時に，根拠からそれらが導かれる道筋をはっきりさせる等々といった読み取り・聞き取りの訓練が，もっと行われなくてはならないのである。そして，それを基礎として，根拠を明確にし，そこからの論理的展開をはっきりさせた表現ができるようにならなくてはならない。言語論理教育ないし言語技術教育が今あらためて強調されなくてはならないゆえんである。

小・中・高等学校における国語教育においては，こうした言語論理教育ないし言語技術の学習に適した教材を多様な形で準備することも考えられなくてはならないであろう。またこれと同時に，現在の教科書で多用されているエッセイや小説などの文学教材を用いるとしても，すぐに個人的感想を求めたりするのではなく，もっとテキストそのものにこだわらせる等，教材を用いた授業活動の在り方に新たな工夫が必要である。

例えば，学習者がそのテキストから何をイメージし，何をどう読み取るか，どこでどう感じ共感するか，といった「読み手の空間」ばかりを念頭に置いた指導になってしまっては，自分なりの読み取りの大前提とされなくてはならないテキスト全体の組み立てやモチーフ，それを支える論理構造，そして具体的な表現の仕方や基本的な用語を明確に認識させることが不充分になっているのではないか，という心配がある。正確な形でテキストの読み取りをさせる，といった面での弱さ，つまり「テキストの空間」へのこだわりの弱さが我が国の従来の国語教育にはあったのではないかとの反省が不可欠である。さらには，書き手がどういう思いや意図を込めてそのテキストを書き上げたのだろうか，という「書き手の空間」にこだわるにしても，単にそこでいろいろと推測してみる，というだけに終わってしまっていたのでは駄目である。テキストのどこの部分をどのような意味での根拠として書き手の思いや意図をこう読み解かざるを得ない，といった「書き手の空間」への確かな根拠を持つアプローチが弱かったのではないかとの反省も，この辺りで厳しくやっておく必要があるであろう。

【言語力育成協力者会議の提言――言語技術的な指導原則と学習指導要領】……

こうした言語論理教育や言語技術教育についての議論は，「PISAショック」直後の2006年６月にスタートし，前回の学習指導要領改訂のため教科横断的な「言葉の力」育成の在り方を論議するため，文部科学省に設置された「言語力育成協力者会議」で盛んに闘わされたことを，思い起こさざるを得ない。私自身がこの協力者会議の座長を務め，国語学・英語教育学・理科教育学・心理学等々の分野から，甲斐睦朗（国語教育），内田伸子（心理学），秋田喜代美（幼児教育），角屋重樹（理科教育），三森ゆりか（言語技術）らの諸氏がメンバーとして加わっていた。今回の学習指導要領改訂の際に教育課程課長としてまとめ役を担った合田哲雄氏が，当時は教育課程企画室長としてこの協力者会議の事務責任者であったこともここに記しておきたい。

さまざまな議論を重ねた末，以下の諸点について2007（平成19）年８月16日付けの報告書に明確にうたわれている。そしてこれらの諸点は，2008（平成20）年３月告示の小学校・中学校学習指導要領，2009（平成21）年３月告示の高等学校学習指導要領に，さらにはこの路線を引き継いだ2017（平成29）年３月告示の小学校・中学校学指導要領，2018（平成30）年３月告示の高等学校学習指導要領に生かされているのである（以下引用は言語力育成協力者会議，2007による）。

●国語科は言語力育成の中心的な役割を果たすべく，メタ言語活動の指導の充実など国語科自体の改善を図ることが必要である。

例えば，小学校・中学校においては，言語の教育としての立場から，実生活や実社会で必要な言語能力，各教科等の学習の基本となる言語能力，さらに言語文化に親しむ態度を確実に育成することが求められる。

高等学校においては，加えて，社会人として必要な言語能力の基礎を確実に育成するとともに，言語文化を享受し自ら創造していく能力や態度を育成することを重視する必要がある。

- 国語科で育成を図る言語力については，他教科等での活用も視野に入れ，基礎的・基本的な知識・技能を習得することと，それを活用して課題を探究することを重視すべきである。
- 言語力を育成するため，「受け答えをする」「事実を正確に伝える」「要点をまとめる」「相手・目的・場面を考えて情報を理解したり伝えたりする」「多面的・多角的に物事を見る」「情報を的確に分析する」「自らの知識や経験に照らして情報を評価する」などの技能や能力を育成していくことが望まれる。このため，発達段階に応じて重点化を図りながら，適切な言語活動や言語運用法の指導を組み込んでいくことが望ましい。
- 文章や資料を活用し，論理的に考え，表現する力を育成するためには，「情報の取り出し」→「解釈」→「熟考・評価」して論述するという，いわゆるPISA型読解力のプロセスを参考として指導することが期待される。
- 伝え合う力を育成するため，相手の立場を考慮しながら双方向性のある言語活動をしたり，建設的な合意形成を目指した言語活動をしたりする技能を育成することが望ましい。
- 我が国の文化や伝統を継承・発展させるため，近現代文学や古典をはじめとする言語文化に親しむ態度や，日常的に読書をしたり表現したりする言語生活を形成する態度を育成することが大切である。
- 今日の情報化社会の中で，複数のメディアやテキスト等を活用して，メディアの特性を踏まえた情報評価能力を育成することが期待される。

なお，こうした考え方に基づいて，具体的な言語運用法について以下のような技能を形成することが目標とされている。

［感受・表現］●音読・暗唱などの技能
●感性・情緒と関連した表現・修辞を理解する技能

●喜怒哀楽等の感情を，言葉と共に身体などを使って表現する技能
●文学作品を通した伝統や文化的背景に関する知識

［理解・伝達］
●事実と意見を区別して説明する技能
●漢字，語彙，文法などを適切に使う技能
●記録，描写など事実を正確に伝える技能
●レジュメ，物語のあらすじなど，情報を要約して伝える技能

［解釈・説明］
●抽象的な用語の意味を理解して説明する技能
●視点を変えたり他の事象と関連付けたりして，多面的・多角的に物事を見て，的確に分析する技能
●文章の中の情報に基づき，根拠を持って，筆者の意図を分析し，解釈して説明する技能
●相手・目的・場面に応じて適切に説明する技能

［評価・論述］
●結論を示した上で，その判断の基礎となる考え方を根拠を持って説明する技能
●文章の形式や内容について，既得の知識や自らの経験などに照らして評価を行った上で論述する技能
●複数の媒体やテキスト等を活用して，媒体の特性を踏まえて情報を評価する技能

［討論・協同］
●討論，議論などを通じて，建設的な合意形成を目指した言語活動をする技能

【今後の国語教育で特に重点的に指導すべき３つのポイント】……………………

言語力育成協力者会議の提言は，確かな「言葉の力」を育成しようとする言語技術教育の要点をほぼ尽くしていると言ってよいであろう。こうした諸点をもとにして，特に小・中学校段階での国語教育の中で重点的にこだわって指導していくべき点を考えてみるなら，少なくとも次の３点が特に重要となるのではないだろうか。どの学校でも，こうした３点を踏まえた読み取りと書き表し

を繰り返し行わせ，そこで育成された力を基盤として，話す・聞く・読む・書くといった力をつけていきたいものである。

（1）語彙の豊かさと正しい語義の理解

読み取りや聞き取り，言い表しや書き表しの中で大事な要素となる言葉（単語や句）を数多く知り，その意味について正しい理解に努めること。

欧米の授業から学ぶところは，一つは古典・名文の暗唱を大事にすることである。そしてもう一つは，小学校からでも日常使わなくなっている古典的な言葉，詩的で優雅な言葉などに関心を持たせ学ばせる語彙教育を大事にすることである。もちろん，日本の学校でも，暗唱や語彙指導に力を入れているところはないではない。しかし，こうした活動がもっと一般的になってもいいのではないだろうか。

また，一部では「辞書引き学習」という形で語彙指導を重視している学校もあり，これもまた興味深い実践である。私も何度か参観させてもらったことがあるが，意味の分からない語や言い回しについて辞書を引くのは当然として自分で意味が分かっていると思っている語や言い回しについても，文章の中で大事な位置を占めているなと思ったら確認のため辞書を引いてみる，という方法である。

（2）5W1H（誰が・いつ・どこで・何を・何故に）へのこだわり

読み取りや聞き取りの際にも，言い表しや書き表しの際にも，一語文的で単刀直入な理解や表現にならないように注意し，確かな根拠からの推測も含め，5W1Hにわたる広い意味空間の中での理解や表現となるよう常に気を配っていくこと。

日本の子どもや若者の間には，何があっても「やばっ！」とか「可愛い！」等々といった一語文的な表現ですましてしまう傾向が見られる。スマホの普及に伴って，こうした単純表現の多用がどんどん進んでいる感がないではない。こうした単純化された言葉を用いるだけでは，自分の感情の直接的な表出と，その単純で直截な受け止め，という域に留まり，広く確かな意味空間を表現することも理解することも到底不可能である。読み取りや聞き取り，書き表しや言い表しのいずれの場合でも，結論や主張の基礎に 5W1H にわたる文脈理解がほしいものである。もちろん 5W1H の全てが表現されることは少ないわけだから，与えられた素材から確かな根拠を持って推測するということも必要となるであろう。こうした力をつけていくためには常に 5W1H にこだわり，それを読み取っていこうという努力が大切であろうし，繰り返しそうした訓練をすることが不可欠ではないだろうか。

（3）根拠と論理の明確化

何らかの結論的なことを読み取ったり聞き取ったりする際に，また自分の主張を言い表したり書き表したりする際に，その結論や主張を支える根拠となるものにこだわり，その結論や主張が導き出されてくる土台と筋道をはっきりさせること。

これは小学校の低学年から，自分の意見を言う時にはまず結論を述べ，続いて必ず「そのわけは……」という形で根拠を述べさせる，という形で訓練している学校が少なからず見られる。こうした習慣付けは，自分が何かを書き表す時にも生きてくるであろうし，さらには何かの文章を読んだり他人の話を聞いている時でも，そこで主張されたり結論付けられていることが何を根拠としているのか，それは適切妥当なことなのか，と自問自答してみる習慣をつけていくことになるであろう。

こうした習慣が身に付いていけば，「正解」的な結論だけをそれだけで受け入れて振り回す，といった上っ面の学びに陥ることもなくなるであろうし，相手に分かってもらおうという意識を欠いたまま一方的に自分の主張を押し出していく，といった独り善がりの姿勢も見られなくなるはずである。

【真の「知性」を「言葉の力」の育成を通じて】……………………………………

文化的な伝統にはそれぞれの国でいろいろと特異な点もあるが，地球上どこでも現在の学校教育に求められているのは，本物の「知性」である。いろいろ知っているとしても，問われた時に答えられるだけの上辺の知識であってはならないし，知的な力を身に付けているとしてもその場その場でのパフォーマンスに終わるようなものであってはならない。当面する問題を的確に捉え，その解決に向かって粘り強く思考し，工夫して取り組んでいく力が求められており，またそうした過程で新たな何かを創り出す力が期待されているのである。そうした意味での「知性」は能動的なものであり，生きて働くものであり，創造的なものである。これはまさに，現在の人類を学名でホモ・サピエンスと呼ぶ際のサピエンスであり，またその原語となったサピエンティアであると言っていいであろう。これこそが種としての人間の持つ本質的な特性であり，他の生物にない誇るべきところと古来言われてきたところでもある。

こうした「知性」の中核には，感覚を通じて得られた素材を整理統合して新しい認識を形成する力があり，それを土台として筋道を立てた思考をし，判断をする力がある。またこうした「知性」には，当然の前提として，多くの物事をよく知っており，そうした知識や理解を活用しつつさまざまなことについてよく考え，妥当で適切な結論を得る力も含まれている。こうした「知性」を身に付けておれば，自らの感情に流されることなく，また周囲の雰囲気に埋没することなく，常に冷静かつ的確に物事を判断することができるということにもなるであろう。この意味において「知性」は，また「理性」の重要な土台ともなるものと言っていいであろう。

こうした「知性」なり「理性」なりをその根底において支えるのは，自己内対話の力であり，その過程を多様に機能させる思考力である。

思考については，「じっくり考えてごらん」とか，「筋道を立てて考えてみてごらん」とか，「もっと奔放に考えてみてごらん」等々と指導することがある。指導がもっと具体的になると，「この問題の答えとなるところは？」とか，「どういう方向からこの問題にアプローチできるかな？」となったり，「この問題についていろいろ考えられるところを次々に挙げてみてごらん」とか，もっと複雑な形で「この問題についての多様な考え方を上位の考え方によってまとめていったらどうなるか，構造的なまとめを考えてみてごらん」などと指示したりすることもあるであろう。思考力と呼ばれているのは，こうしたさまざまな場合における「考える」力を総称したものと言ってよい。

具体的には，少なくとも，何かが分かること［理解］，何かの課題が解決できること［課題解決］，何かを分析したり総合したりして理解を深めること［分析・総合］，何か知的に新しいものを生み出すこと［創造］，などが区別されなくてはならないであろう。

思考とは，結局のところ，意識世界に想念や観念を映し出し（現前の状況や概念等の認識と蓄積された記憶の想起，さらには認識にも想起にも属さない想念や観念の発想によって），意図的あるいは無意図的にそれらを操作し，新たな認識なり課題解決なりに導かれていくことである。したがって，思考と呼ばれるものは，通常，直観とか霊感と呼ばれる即時的で直接的な了解の仕方からは区別される。このことから言えば，思考とは「知的な手順を踏んで行う心的操作ないし内面的働きである」と言うべきであろう。

また思考は，神秘的・超自然的な因果関係を想定する呪術的な考えや，空想や願望を現実と混同してしまうような非現実的な考えからも区別される。このことから言えば，思考とは「理性に基づく理性的・合理的な心的操作ないし内面的働きである」とすべきであろう。これらを総合的に言うならば，思考とは「手順を踏んで行う，知的で合理的な心的操作ないし内面的働き」ということになる。

真の「知性」を育てる教育，その土台となる自己内対話の能力や多様な思考力を育てる教育は，ここで見てきたところからも理解されるように，多面的な目配りと手立てとを必要とする。ただ，その根底に「言葉の力」があることは，繰り返すようであるが決して見落としてはならないであろう。

言葉によって我々は，その時その時の自分の内面の意識に現れているものを形にしてとらえ，他の人に対してそれを言葉という媒体を通して伝達するわけである。これによって各自の受け止めた「事実」や「イメージ」を，そして各自の「思い」や「気持ち」を，他の人たちと伝え合い，交換し合い，合意を成立させ，そしてまた自分自身の意識の在り方を変えていくことになる。我々の意識世界も社会生活も，こうした言葉の働きに依存している。

言葉は，その意味する「事実」や「イメージ」を，「思い」や「気持ち」を，整理し形作っていることも，忘れてはならない。ボキャブラリー（語彙）が，そして個々の単語の意味合い（内包と外延）が，また主語・述語といった言葉の体系づけの仕組みが，個々人の認識の，そして社会共有の認識の土台になっているのである。これが認識のツール（道具）としての言葉の働きである。

さらに言えば，私たちが思考し判断し決意するのも，自分に与えられた認識を土台にし，言葉による自己内対話を通じてであることを考えるなら，私たちの主体性の基盤は言葉にあると言っていいであろう。言葉が私たちの主体的働きのための基本ツール（道具）として機能していることも忘れてはならない。

ここで挙げた認識や思考・判断・決意などさまざまな働きを，私たちは日々の学習活動によって豊かにし，強化し，改善しようとしているわけである。こうした学習活動も，基本的に言葉を駆使して行われていることは改めて言うまでもない。「言葉の力」を育てる教育が，あらゆる学習活動の基盤としていかに大切なものであるかを，私たちは決して忘れるわけにいかないのである。

参考文献

言語力育成協力者会議 第８回配付資料，2007

人間教育研究協議会編『教育フォーラム38　いま求められる〈読解力〉とは』金子書房，2006

梶田叡一責任編集・人間教育研究協議会編『教育フォーラム46　〈言葉の力〉を育てる』金子書房，2010

梶田叡一責任編集・人間教育研究協議会編『教育フォーラム51　いま求められる言語活動――読む力・書く力を重視して』金子書房，2013

特集◎PISA型読解力――論理的な認識に導く言葉の力を

2018PISA型読解力低下の何が問題か

鎌田 首治朗○かまだ しゅうじろう

1 2018PISA型読解力低下について

「2018PISA型読解力低下の何が問題か」と問われれば，危機感が薄いこと，結果から学習者理解に課題が見えること，デジタル機器の利用状況に心配な点があること，無答率がわからなくなったことの４点をあげるとともに，読む力観，教育観の転換が必要であると答える。

2 2018PISA型読解力がもつ問題

2.1 2018PISA型読解力結果は低下とはいえない？

2018PISA型読解力結果を巡っては，「低下とはいえない」という意見がある。結果には様々な要因が複合的に影響している（文部科学省「OECD生徒の学習到達度調査2018年調査（PISA2018）のポイント」（以下，「PISA2018ポイント」）p.4，以降ページ数はことわりのない限り「PISA2018ポイント」）

し，何よりデジタル機器の利用時間が短く，OECD加盟国中最下位（p.10）というガラパゴス化の影響は大きく，その上OECDが長期トレンドとして統計的に有意な変化が見られない「平坦」タイプと分析（p.1）しているのだから，「一概に低下とはいえない」という受け止めが生まれている。中でも「文科省はPISA2018で日本の子どもの読解力が低下した一因として，いわゆるコンピューター型解答（CBT方式）を挙げています」（日本教育新聞，2020年3月23日，12面）という，結果をICT環境の遅れ，CBT対応の遅れから解釈する声はかなり大きい。ここに「そもそも日本型読解力とPISA型読解力には違いがあるのだから」という意見が加わって，2003PISA型読解力低下ショックのときとは異なり，日本の教育には2018PISA型読解力結果に対する危機感が薄い。このことに，逆に危機感をもつ。

2.2　2003PISA型読解力低下

鎌田（2009）は，「PISA2003調査結果がPISA2000より低下した……その結果，PISA2003調査結果は，黒船来航に例えられるほどの激震を日本の国語教育に与えた」で始まる（p.10）。節のタイトルを「学校現場が混乱してはならない」としたほど，2003PISA型読解力の低下は国内で大問題になった。ゆとり教育批判も相まって，学校現場は学力低下の批判の渦中に立たされた。その後の2006PISA型読解力も，今ひとつの結果に終わった。以下にあげた当時の新聞各社の見出しを見ても，PISAの結果とそれへの関心の高さ，問題の大きさがうかがい知れる（以下は2007年12月5日付の新聞各紙）。

○日本理数離れ深刻，「関心・意欲・態度」最下位（毎日新聞・見出し）

○順位より「低意欲」こそ問題だ（毎日新聞・社説見出し）

○数学・科学応用力日本続落（朝日新聞・見出し）

○考える力を育てるには（朝日新聞・社説見出し）

○日本学力トップ集団脱落（東京新聞・見出し）

○考える力に課題がある（東京新聞・社説見出し）

2018PISA型読解力低下問題に対する危機感は，かつてのPISAショックとは比べものにならないほど薄い。このこと自体が，これまでの日本の教育の姿とは異なる。その上，その後のコロナ禍である。学校現場は今，2018PISA型読解力低下問題どころではない。コロナ禍の大影響を受けている。

2.3　2018PISA型読解力結果から

「PISA2018ポイント」（p.1）にある「平均得点及び順位の推移」を図１としてあげた。これを見るとわかるが，PISA2003 で読解力が低下し PISAショックが生まれたものの，PISA2006 でも向上はできなかった。しかし，学校現場は，大きな危機感をもって奮闘し続け，ゆとり教育からの方向転換を行い，授業改善に取り組んだ。その結果，2009PISA型読解力から結果は上向きに転じ，５位（520点／34カ国：平均得点／参加国数を示す。以下同）になった。そして，2012PISA型読解力では１位（538点／34カ国）となった。しかし，CBT を一部導入した 2015PISA型読解力で６位（516点／35カ国）に低下

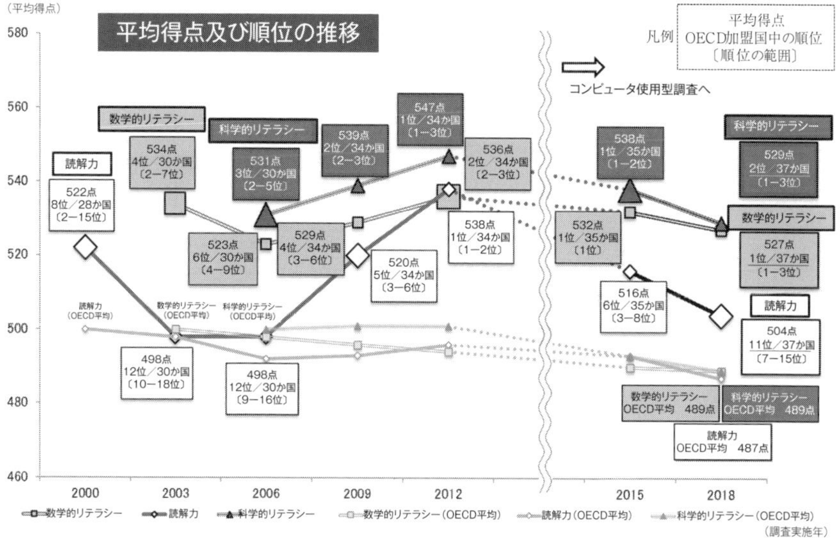

※各リテラシーが初めて中心分野（重点的に調査する分野）となった回（読解力は2000年，数学的リテラシーは2003年，科学的リテラシーは2006年）のOECD平均500点を基準値として，得点を換算。数学的リテラシー，科学的リテラシーは経年比較可能な調査回以降の結果を掲載。中心分野の年はマークを大きくしている。
※2015年調査はコンピュータ使用型調査への移行に伴い，尺度化・得点化の方法の変更等があったため，2012年と2015年の間には波線を表示している。
※順位の範囲とは，統計的に考えられる平均得点の上位及び下位の順位を示したもの。

図１　平均得点及び順位の推移（文部科学省，2018）

し，2018PISA型読解力では11位（504点／37カ国）になったのである。順位は相対的なものであるが，落ちてきている。さらに，「PISA2018ポイント」は平均得点は「有意に低下」（p.3）と明確に述べている。OECDが「長期トレンドとしては，……『平坦』タイプ」と述べていても，それで安心していいはずはない。

CBTについて述べれば，2015PISA型読解力で一部がCBTとなり，2018PISA型読解力では全てがCBTになった。これは，調査を受ける学習者に大きな影響を与える。確かに日本のICT環境，CBTは，遅れているからである。しかし，これらはもともと遅れていた。その原因は，OECD諸国と比べて我が国が，実は教育に予算をかけてきていないことにある。その結果，日本のICTには張り子の虎のような脆さがある。一見ICT整備が進んでいるように見える大学においても，現下のコロナ禍対応で遠隔授業をしようとすると，途端に回線やサーバーがパンクをしてしまう。我が国には，人間でないとできないことでもICTやAIならできるかのような思い込みがある一方，実際に全員がICTを活用しようとすると途端にトラブルに見舞われる，ボトルネックを解決していない脆さが存在する。しかし，これは教育の遅れというよりも主に国家の遅れである。文部科学省は，「GIGAスクール構想」（2019年12月13日閣議決定，2019年度補正予算案で2,318億円）をはじめ，遅れを取り戻すべくコロナ禍以前から積極的な提案やお願いをしているが，十分な予算がつかなければ充実するはずがない。予算を渋れば，遅れる。コロナ禍においてPCR等検査が進まないこともそうであるが，我が国には再構築しなければ前に進まない目詰まりした国レベルの課題が生まれている。ICT環境を整えることもその1つといえる。

2.4　問われる教育観

とはいっても，2018PISA型読解力低下の原因をICT環境とCBTにだけ求める，というのはいただけない。それで分析や思考を終えてしまっては，日本の教育をよりよくするチャンスを失う。そもそも，教育の先哲は自らの実践や取り組み結果に対して厳しかった。教育は常に課題があるものだからである。教育は，永遠に完成しない。それは，人格が死ぬまで完成しないことと同じである。教師も学習（修）者も完成した存在ではないのに，それらで構成している教育だけ完成するはずがない。そう考えるかどうかは教育観の問題であり，認識・哲学の問題である。少なくとも，教育の先哲はその認識をもち，実践や取り組みに対して厳しかった。その厳しい振り返りの中で，自らの学習者理解力を磨き，あり方を磨き，実践を磨こうとした。自分の実践を完璧だ，などと語った先哲は管見では存在しない。そのようなことを恥ずかしげもなく語ったものは，所詮一流の人物ではなかった。本物の先哲は，常に自分に厳しく，仕事に厳しく，しかし他者には優しかった。そうでなければ，教育はできない。

学校と教師が抱え込んでいる仕事があまりに多く，忙しく，その割に待遇がよくならないことへの配慮なのか，あるいは，これが働き方改革の生む危うさなのか，2018PISA調査の結果については学校と教師に対しては比較的やさしい。配慮はありがたいが，それでは贔屓の引き倒しにもなりかねない。学習者に力がつかなければ，教育は後悔しなければならなくなる。

2.5　学習者理解

2018PISA型読解力生徒質問紙の結果に「国語の授業に関する指標値」がある（p.6）。これを見ると，日本の国語の授業は「授業の雰囲気が良好」であるが，学習者の支援になるとOECD平均レベルになり，フィードバックになると18カ国の中で日本の指標の平均値が最も小さくなることがわかる。フィードバックについての質問とは，「先生は，国語における私の長所を教えてくれる」「先生は，私の改善の余地がある部分について教えてくれる」である。この質問で求められていることは，教師の学習者理解である。日本は良い雰囲気の一斉授業を実現し，目に見えやすい結果や学習についての支援はOECD平均レベルでできているが，学習者一人ひとりを深く理解し，個々に応じた言葉かけには課題がある，ということである。簡単に言えば，集団は見ているかもしれないが，学習者一人ひとりを理解する域には達していないということである。この点は教育にとって非常に重要なことであるにもかかわらず，指摘する意見が見当たらない。学習者に届く教師の声は，深い学習者理解なくしては実現しない。学習者理解にも終わりはない。より一層の努力が求められるのである。

2.6 学校・学校外でのデジタル機器の利用状況

「PISA2018ポイント」にある「デジタル機器の利用状況」については危惧する。日本では，学校の授業（国語，数学，理科）におけるデジタル機器の利用時間が短く，OECD加盟国中最下位にあり，授業で「利用しない」と答えた生徒の割合は約80％に及び，OECD加盟国中で最も多い（p.10）。しかも，他国と比較して，ネット上でのチャットやゲーム（1人用ゲーム・多人数オンラインゲーム）を利用する頻度の高い生徒の割合が高く，かつその増加の程度が著しいのである（p.10）。日本の学習者にとってネットは学びの場ではなく，学習者のストレス発散の場，自分の本音のぶちまけどころ，ということではなかろうか。「3.1」で後述するように，正解に縛られやすい日本の学校と教師が正解を力説すればするほど，学習者はネットに逃げ込み，建前と本音の乖離を起こし，ますます裏表を使いこなすような人間になる，そういう危険性を感じるのである。

この間の大きな生活の変化は，その危険性を一層感じさせる。今時の新入社員には「固定電話恐怖症」というものがあり，それが離職の原因にさえなっているという。ICT環境の遅れが取り沙汰されながらもスマホは急速に普及し，生活になくてはならないものになった。電車の中ではほとんどの乗客がスマホをいじり，家にいるのに家族が直接話さずLINEで会話をしているということも決して珍しくない。親子の関わりも，手間暇かけたかつての関わりから，効率的で便利，悪く言えば手っ取り早く，手を抜いたものへと変化している。その分，子どもたちには効率性や便利さを尊び，面倒なことを嫌がり，つらく感じたり，避けたりしたくなる傾向が生まれている。直接体験は減り，知識を容易に得ることができる反面，それらはどこまでいっても間接体験であり，実感がない。簡単にいえば，人間になることが以前にも増して難しくなっている。能動性，主体性，自己統制，克己心といったものが，養われにくくなっている。これらの変化を批判することはたやすい。しかし，求められているのは批判ではなく，その中で人間として育つ若者の「司（つらさ・悲しさ・寂しさ）」をどれだけ深く，多様な視点で理解しようとするのか，という学校と教師の力であり，姿勢である。学校と教師による個人に寄り添った学習者理解がより深く求められている。

2.7 無答率がわからない

日本の学習者が常に課題とされてきたことに，学ぶことへの関心・意欲・態度がある。平成29・30年改訂学習指導要領でいう「学びに向かう力」である。PISA においてこれを解釈する対象は，各問題における無答率である。PISA2003 では，この無答率の多さが問題であった。そこには，学力の２極化や最後まで問題に向かえない学習者の姿があったからである。しかし，この無答率を気にする声，心配する声が，PISA2018 では聞こえてこない。実は，PISA2018 から，この無答率が各国に報告されない仕組みになっている。このことは，日本にとっては見過ごせない問題である。日本の場合，学習者の「学びに向かう力」をしっかりと育てられているかどうかを注意深く観察することが，教育が健全に展開されているかどうかを評価する上で欠かせない。この点では，OECD に必要な働きかけを積極的に行い，日本だけでもその資料をもらえるようにするべきである。

3 教育観と読む力観の転換を

3.1 何を育てる教育観か――正解どまりか，「生きる力」か

2018PISA型読解力低下によって問われていることは，学校と教師の教育観，読む力観の転換である。

PISA型読解力が国語科の読解力をはみ出すことは，鎌田（2009）で指摘し

た。鎌田（2009）では，PISA型読解力を日本式の読解力ととらえるのでは不十分で，PISA型学力ととらえた方がよいこと，それは日本でいう「生きる力」に重なることについて述べた。「PISA2018ポイント」は，「自らの目標を達成し，自らの知識と可能性を発達させ，社会に参加するために，テキストを理解し，利用し，評価し，熟考し，これに取り組むこと」（p.16，下線は以降も筆者）が読解力の定義であることを述べている。授業で登場人物の思いを想像させることの多い「読む」ことを「読み取る」と表現する日本型国語科授業読解力よりも，PISA型読解力には「自ら」の「発達」と「社会に参加する」ことへの現実的なアクティブさ，ダイナミックさがある。それもそのはずで，そもそもPISA調査は「人生で直面する様々な場面では答えが１つとは限らないことが多いという考え方に基づいている」（国立教育政策研究所編，2013）。

教員免許更新講習において筆者は，常に「教育にも，人生にも，読むことにも，誤りはあっても単一の正解はない」ことを語りかける。参加された先生方のほとんどの方が，そこで初めて「そうだったのか」「目から鱗が落ちた」と述べる。裏を返せば，正解があると考え，その正解を追いかけて苦しんでいるわけである。それはあくまでも善意からであるが，正解を教えることが教育，正解を教えるものが教師，としてとらえているのである。確かに，「人格の完成の道」を歩むという大目標に向かう途中の駅，それも比較的初めの方の駅には，正解駅がある。しかし，その駅は途中の駅であって終点ではない。ところが，そこが終点になってしまう脆さが日本の教育にはある。そのために，入試等の重要なテストではすぐに解き方，いわゆるHOW TOを教えたがる。点数が上がり，正答率が上がり，偏差値が上がり，合格しやすくなるからである。「全国学力・学習状況調査」（巷でいう「全国学力テスト」）でも，この傾向がある。正答率を上げるためにＢ問題の解き方を教えることが一部で流行ってしまう。

問題は解けても，現実社会を生きる思考力，能動性，主体性は身につかないのであれば，それは誤った皮相的な教育である。正解駅を終点にすることで，解き方を大人から与えてもらうことを期待し，待ち続ける，主体性を奪われた依存性の高い，現実を生きることから離れた学習者を生み出してはいないのか。この傾向が，2018PISA型読解力結果には現れている。「PISA2018ポイント」は，理解する能力は安定的に高いが，情報を探し出す能力，評価・熟考する能力が2009年調査結果より低下し，特に2018 年調査から定義に追加された「質と信ぴょう性を評価する」「矛盾を見つけて対処する」ことを問う問題の正答率が低かったことを述べている（p.4）。

学習者に受け身を求め，効率よく正解に到達できる解き方を教えるHOW TO教育では，情報を探し出す能力や評価・熟考する能力，「質と信ぴょう性を評価する」「矛盾を見つけて対処する」力を伸ばせるはずはない。これらは，目的をもった主体的な人間が行う挑戦の積み重ねと共に育つ力だからである。ある目的をどうしても達成したいと思う人間は，そのために必死で情報を探し出す。自分の考えた解や戦略が実際に効果的であったかが気になって仕方がないし，それを真剣に評価し，徹底的に熟考する。問題が自分事で切実であればあるほど，「質と信ぴょう性を評価する」。うまくいかないことが何かを見つけ出せなければ，自分の解や戦略は一向に目的達成に寄与しないことになるのだから，切実で真剣にもなる。だからこそ，自分の戦略や解に矛盾はないのかを必死で見つけようとする。ところが，与えられた問題を与えられた解法を適用して正解を出せば終わる学びには，これらがことごとく希薄である。問題は解けても，現実生活を自分らしく生きていけない。

プールで８の字を描くように調教されたアシカは，海に戻しても８の字でしか泳げなかった――幼き頃に読んだ漫画（ちば，1977）を思い出す。育てるのは，プールでの８の字泳ぎではない。大海を自分らしく泳いでいける「生きる力」である。教育がこだわるべきは正解ではなく，「生きる力」や人間性，人格を磨けているかということである。

これらは，PISA調査の「人生で直面する様々な場面では答えが１つとは限らないことが多いという考え方」を，日本では未だ共有できていないことを意味している。このような実態があるから，平成29･30年改訂学習指導要領は「生きて働く『知識・技能』の習得」「未知の状況にも対応できる『思考力・

判断力・表現力等』の育成」「学びを人生や社会に生かそうとする『学びに向かう力・人間性等』の涵養」という形でその共有を明確にしたととらえている。正解に縛られ，テストに正解する力を手っ取り早く身につけさせようとする弱さ，学校の中で閉じられ社会（現実世界）に開かれていない（通用しない）教育では，日本は行き詰まる。学習者が人生を生き抜くことを大切に考えれば，今，学校と教師は，人生では「答えが１つとは限らない」難問に「様々な場面」で「直面する」という認識・哲学を共有できなければならない。それが，教育観の転換である。穏やかに述べれば，平成29･30年改訂学習指導要領の精神を受け止めることになる。

3.2　関係を読む力の重視を

理解する能力は高いが，情報を探し出す能力，評価・熟考する能力は低いという課題は，そのまま日本の読解力観と国語科読むこと授業の課題でもある。この点では新井（2019）の指摘に耳を傾ける必要がある。新井は，「機能語」を読める力を育てることの重要性を述べている。「機能語」とは，それ自体は意味や内容をもたないが，対象の関係性やあり方を示す言葉である。それを読まずに，キーワードだけを読んで意味を作る読み方が学習者だけでなく大人の中にもあることを指摘している。読むことの授業なのに多様性をふまえられず，一つの解釈に学習者の読みを収束させようとして，授業では「大事な言葉」を子どもたちに発表させ板書で念押しし，それらのキーワードから読みを組み立てさせる国語科授業の何と多いことか。結果，学習者は板書されたキーワードを見た瞬間から教科書本文を離れ，「機能語」は飛ばして，キーワードと教師の顔色，教室の空気を読んで解釈をまとめようとする。このような授業では，一部の優秀な学習者以外，「機能語」を読む力は育たない。

関係性を読む力は，既に具体をイメージできる慣れ親しんだ関係においてよりも，新しい現象に直面し，新しい知識を身につけなければならない場面において厳しく問われ，文学作品よりも説明的文章において具体的に問いやすい。「未知の状況にも対応」しようとすれば，ＡとＢが同じ意味なのか，対応しているのか，どのような対応なのか等々，照応関係をイメージできなければ，人間は前には進めない。

3.3 「読み取る」から「読む」へ，そして「一貫した解釈」，「自己を読む」へ

3.2 を克服するために，高等学校の学習指導要領が大幅に改訂され，「現代文」がなくなり「論理国語」と「文学国語」との選択になった。――こう言われると話は綺麗だが，ここにも危ういところがある。そこには，読むこと観や読む力観の不問が相も変わらず存在しているからである。そのため，「文学国語」には論理を育てる学びがないととらえる意見が多くみられ，読書行為が「自己を読む」行為であることへの認識はほとんどみられない。筆者の「読むこと観」「読む能力観」(1)をここで詳しく述べる余裕は残されていないが，必要最低限のことを以下に述べる。

読むことは，「読み取る」だけのものではなく「読む」と表現した方がよいものである。読むということは，本文を語彙的，文法的，機能語的に正しく読み，本文に欠けているものを〈我の世界〉から埋め，意味を結合し，自分が「一貫した解釈」を創る行為である。これらの行為は恣意的に行うものではなく，「一貫した解釈」という条件をクリアしていなければならない。つまり，文学作品を「読む」ことには本文に書かれていることに矛盾せず（ということは，本文からのコントロールを受ける）一貫した自分の解釈を創る推論，論理の力が求められる。言い換えれば，「多様な解釈の中で，論理的一貫性をもつ最も深い解釈とは何か」ということを探究することが「読む」ことになる。それは，現実社会で難問に直面した人間が求められる「生きる力」に通じるものである。それは，作品本文に欠けている（書かれていない，意味を確定できない）ものから読み手が発見した，単なる疑問にとどまらない「謎」を「読み解く」ものである。何を「謎」だとするのか，その「謎」を何によって埋め，どういう意味を作るのかという行為には，〈我の世界〉がもつ知識や自分のとらわれている常識，価値観，世界観等が現れざるを得ない。解釈に現れた〈我の世界〉の断片等から自分の歪みや思い込み，限界を発見し，自らの内面世界

を深く思考することが，自分を対象化し，認識し，変容させていく「自己を読む」行為につながっていく。

以上のような筆者の「読むこと観」からすれば，3.2 で述べた関係を読む力を育てやすい「論理国語」，「一貫した解釈を創る」力や「自己を読む」力を学習者に問いやすい「文学国語」，空所の多い後者，少ない前者，という特徴の違いはあるものの，どちらも本文を基に論理的で一貫した自分の解釈を創るという行為自体に変わりはない。

授業論としては，1時間を貫く問いの存在が「文学国語」や文学作品を読む授業においては不可欠となる。その問いは，初めは教師が用意するしかない。また，45分，50分の授業では，多様な学習者が読み解いた多様な解釈を，学習者が可能な限り多く読む時間がなくてはならない。その中で，学習者は最も深いと考える解釈を決めなくてはならない。それは，難問に対して自分の判断を決める行為に通じる。多様性と，自分が価値の深さを論理的に決定することの両方がなければ，学習者が深く考え，生きることにつながる読む力を育てる授業は実現しない。

注

(1) 「読むこと観」「読む力観」「謎」については，

鎌田首治朗「物語を読み解く力」人間教育研究協議会編『教育フォーラム43』2009，37-46

鎌田首治朗「国語科教育に主題の再生を」人間教育研究協議会編『教育フォーラム45』2010，124-136

鎌田首治朗「文学作品との出会いで〈こころ〉の育ちを」梶田叡一責任編集・人間教育研究協議会編『教育フォーラム47』2011，48-59

鎌田首治朗「主体的な「読み」の学習――『自分を読む』行為への深化を」梶田叡一責任編集・人間教育研究協議会編『教育フォーラム56』2015，36-48

鎌田首治朗「国語科で PISA型学力を育てる」梶田叡一責任編集・日本人間教育学会編『教育フォーラム57』2016，28-42

等を参考のこと。

参考文献

新井紀子『AI に負けない子どもを育てる』東洋経済新報社，2019

ちばてつや『あるあしかの話』講談社，1977

鎌田首治朗『真の読解力を育てる授業』図書文化社，2009

国立教育政策研究所編『生きるための知識と技能』明石書店，2013，p.52

文部科学省「OECD生徒の学習到達度調査2018年調査（PISA2018）のポイント」
https://www.nier.go.jp/kokusai/pisa/pdf/2018/01_point.pdf

特集◎PISA型読解力――論理的な認識に導く言葉の力を

PISA型読解力で具体的に問われているもの

湯峯　裕○ゆみね　ひろし

はじめに

2018年のPISA調査の結果が2019年12月に公表されて，日本の子どもたちの読解力の一層の低下が明らかになった。細かな順位の変動に一喜一憂する必要はないものの，文部科学省・国立教育政策研究所（2019）によると「有意に低下」しており，数学的リテラシーや科学的リテラシーよりも相対的な位置が低いことは事実である。2003年調査の時，読解力は前回の８位から14位へと大きく順位を下げた。この後，読解力の定義の明確化が行われて「PISA型」読解力とされ，2005（平成17）年12月には「読解力向上プログラム」，翌年には「言語力育成協力者会議」と続いていく。それに先立つ1998（平成10）年の教育課程審議会の答申でも国語科における指導のあり方の改善が求められていた。それから20年経つのであるが，その成果がまだ不十分なのであろうか。そこで，まず読解力の定義を確認した後，次に読解力の育成について様々な文章を踏まえながら具体的に提案していく。

1　PISA型読解力

(1) 読解力とは――2018年調査から

要点だけに絞ると，2018年調査を踏まえて変更した新しい定義では，「テキストを理解し，利用し，評価し，熟考し，これに取り組む」能力となる。「テキスト」は，以前から文字だけでなく図表や絵などの非連続的なものも含まれ，今回はデジタルテキストを含めるために「書かれた」が省かれた（文部科学省・国立教育政策研究所，2019)。

2018年調査の問題を参照してこの定義をまとめ直すと，①テキストの中の情報にアクセスして，必要な要素を確実に取り出すこと。②取り出した要素を正確に理解して，それらのつながりを見つけて推論すること。③推論の結果について価値を判断し，自分自身との関係も踏まえつつ考察を加えて評価すること。さらに問題を見る限りこれらに加えて④評価について的確に表現することも求められる。その中で，本稿では特に①及び②に焦点を絞って考察する。

2018年の問題でいうと，「ある大学教授のブログ」にあるラパヌイ島の「モアイ像を運ぶために使われた植物や大木はどうなったのでしょう？」ということについて，教授が紹介した『文明崩壊』についての書評と，学生と思われる人がブログに投稿して紹介した記事があり，この二つと元のブログの文章をもとに答えることになっている。気をつけたいのは，問７「三つの資料を読んで，あなたはラパヌイ島の大木が消滅した原因は何だと思いますか。資料から根拠となる情報を挙げて，あなたの答えを説明してください。」である。読解力について先述した①から④の力を問うている。学生と思われる人が紹介した記事では，『文明崩壊』の考え方を否定しているように読めるのだが，この記事の筆者は最後に「というのが，彼ら（『文明崩壊』とは違う意見を述べた科学者）の主張なのです。」とある。ここを見落としてはならない。『文明崩壊』の著者と別の科学者の二つの意見は並列であり，どちらともこの段階では決定できないのである。問７では，二つの意見を比べてどちらが正しいかを尋ねているのではない。教授のブログの記事及び並列する二つの見解について，そこの意見を正確に押さえて「あなたの答え」つまり自分の考えを書くという読解力を問われているのである。

（2）読解力とは――2000年調査から

2000年のPISA調査で話題になったのが，落書きの問題である。日本でこれまで考えられていた「読解」の問題との違いに驚いた人が多い。正解が一つではない。これを受けての問題のうち二つは以下のとおりである。

落書きに関する問3

あなたは，この2通りの手紙のどちらに賛成しますか。片方あるいは両方の手紙の内容にふれながら，**自分なりの言葉**を使ってあなたの答えを説明してください。

落書きに関する問4

手紙に**何が**書かれているか，内容について考えてみましょう。

手紙がどのような**書き方**で書かれているか，スタイルについて考えてみましょう。

どちらの手紙に賛成するかは別として，あなたの意見では，どちらの手紙がよい手紙だと思いますか。片方あるいは両方の手紙の**書き方**にふれながら，あなたの答えを説明してください。

（文部科学省，2010）

この問題では，どちらの意見を選ぶかは問題にされていない。「片方あるいは両方の手紙の内容にふれながら，自分なりの言葉を使ってあなたの答え」「片方あるいは両方の手紙の書き方にふれながら，あなたの答え」とあるように，どちらを選択するかを決めるときの推論の仕方，つまり根拠のとらえ方やそれを基にした考えの組み立てと説明の仕方を問うている。この問題のうち問

3を授業で学生に尋ねると，学生たちは，どちらが正しいのか道徳的，倫理的に考えて正解を出そうとする。この状況にこれまでの日本での読解力指導の問題点が出ており，「落書き問題」から20年経った今でもそれが改善されていないことが明らかになる。そこで，問題を正しく読み取らずに一つの正解を求めようとすることの誤りを指摘するとともに，著名人の落書きや建物の壁に描かれた芸術家の作品等の例をあげて，落書きについての考えを再点検して学生たちの先入観を取り除く。その上で問題を見直させると，自分たちの誤りにやっと気付くのであり，改めて設問に沿った議論をさせるとある程度はできるようになるのである。

自分の考えを整理して相手に伝えようとする訓練は高校までにかなり受けてきている。しかし，文章を読んだ上でそこの問題として求められているとおりの情報の取り出しと整理及び推論ができない。ここに国語科での読解の指導の問題点がはっきりと現れてくる。

では，国語の授業で読解力を育成する指導とはどうすればよいのか。次に素材となる文章をいくつか挙げて考えていく。

2　読解力を鍛えることとは

（1）高村光太郎『智恵子抄』から「あどけない話」……………………………

智恵子は東京に空が無いといふ、
ほんとの空が見たいといふ、
私は驚いて空を見る。
桜若葉の間に在るのは、
切っても切れない
むかしなじみのきれいな空だ。
どんよりけむる地平のぼかしは
うすもも色の朝のしめりだ。
智恵子は遠くを見ながら言ふ。
阿多多羅山の山の上に
毎日出てゐる青い空が
智恵子のほんとの空だという。
あどけない空の話である。

（高村，1956，pp.78-79，下線は筆者）

私が小学生の時，この詩の「東京に空が無い」とは，工場その他の煙でどんより曇った東京の空を語ったものだと教えられた。そうなら,「ほんとの空」は「阿多多羅山の山の上に／毎日出てゐる青い空」であり，そのきれいな青と対照されているのだと納得してしまう。だが，丁寧に読んでいくと「むかしなじみのきれいな空」の意味を取れなくなってしまう。小学生の時，私はここに気がつかなかった。気がついたのは後になって読み返してからだ。その時,習った解釈では筋が通らない違和感があった。初めに持った解釈と後で出てきた感じ方との違和感。ここに気がつくことが読解の第一歩となる。東京の空は光太郎にとっては子どもの時からなじんだ「うすもも色の朝のしめり」なのである。そこで「毎日出てゐる青い空」をもう一度見直して，二人それぞれが毎日見ている空の印象が違い，それぞれ自分が思い浮かべている空を美しいと見ていることに気がつく。だから「あどけない空の話」となる。はじめの解釈では，題名にもなったこの最後の言葉の意味を理解できない。このように，違和感，ずれ，矛盾等を感じる言葉から始めて，根拠となる語句を押さえていく。それら一つ一つの語句が持つ様々な意味のうち，全体に筋の通る解釈をつないでいく。それが読解である。多様な語義のうちに一つあるいはいくつかのつながりの筋を見つけてつないでいく，これが読解であり，読解は先に触れた正義でも倫理でもなく，一つ一つの語が持つ様々な語義の世界を，多くの可能性のある関連性の中でつながりを見つけていく，丁寧な作業なのである。読解力の育成とはそんな作業の訓練なのである。

（2）広告の文から……………………………………………………………

> 「大人って，こどもだなぁ」
>
> （関西の鉄道各社による共同広告）

鉄道の車内で見かけた広告の言葉である。これだけを見ると意味がよく分からない。「大人」に関連する様々な語が頭に浮んでくる。「こども」についても同様である。その二つのそれぞれの語の集合から関連づけられる語のセットをなんとか探そうとする。「だなぁ」にも何かが隠されているようである。そこでここからも検索する。そんな時，その下に書かれてある「座席はゆずりあって座りましょう」の文が見える。そこで，はっと気がつく。「大人」は思い描いたとおりのそのままの姿を指している語であるが，「こども」はその姿ではなく行動を指す語である。しかもそれは実体の「こども」のものではなく「大人」の幼い行動を指すのだと，語の結びつきをやり直す。それが「だなぁ」の感嘆と結びつく。同時に「って」に軽い非難の意味も出てくる。読解とはこのように，文中のそれぞれの語が持つ多様な解釈のうちに関連するものを選択して結びつけていく作業である。

先の詩の例でも，「東京に空が無い」についての関連する語が様々に出てくる。「煙でどんより曇った空」もその一つには違いない。でもこれは「むかしなじみのきれいな空」や「あどけない話」とは結びつかない。だから読解として却下されるのである。心情を豊かにすることや共感することは大切なことではあるが，まずはこの選択と結びつけという読解力の訓練をしてからの次の話なのである。共感が先になると自分勝手な解釈になるおそれがある。

（3）山崎正和「水の東西」……………………………………………………………

高等学校国語総合の多くの教科書に採択されている文章である（以下の「　」部分の引用は山崎，1977，pp.131-134）。ここで山崎は西洋の庭園にある噴水と日本の庭園の滝や池を対比して西洋と日本の水の扱いを比べている。その違いを表にまとめてこんな違いがあると確認するのでは国語の授業ではない。日本の庭園にある鹿おどしの描写があって，「流れる水と，噴き上げる水」と書かれている。その後ローマ郊外のエステ家の壮大な噴水の話がある。噴水は「噴き上げる水」であるから鹿おどしは「流れる水」となる。鹿おどしはその音に特徴がある。「単純な，ゆるやかなリズム」や「曇った音響が時を刻んで，庭の静寂と時間の長さをいやがうえにもひきたてる」との表現もある。それなのに，なぜ「ひとつの音と次の音との長い間隔」と「流れる水」が結びつくのか。そもそも今の子どもたちには鹿おどしはなじみが薄いのでその説明が必要なのだが，それで詳しく説明してもすっきりと文章を読めない。西洋と日本を対比しているのは分かる。だから，日本の「流れる水」と西洋の「噴き上げる水」の対比も分かる。でも，なぜ「鹿おどし」が「流れる水」なのか。はじめに読み出した部分の文章ではこの二つが結びつかない。この分からない宙に浮いた気分をとらえること。ここから読解力の育成が始まる。この隙間を埋めようとして，埋めてくれる言葉を探していく。

次の展開では，「時間的な水と，空間的な水。」となる。日本が「時間的な水」であり，「せせらぎを作り，滝をかけ，池を掘って水を見る」ことで水の流れが見える。時間的の意味がここで分かる。何となく鹿おどしに近づいたような気がするが，まだ先の宙に浮いた気分は解消されない。だいたい音ならば水は必要ない。さらに読み進んで，流れる水ということが「水にはそれじたいとして定まったかたちはない」，「かたちなきものを恐れない心」と続いて，「見えない水と，眼に見える水」となる。「見えない」でやっとせせらぎや滝や池の水と「鹿おどし」がつながる。「鹿おどし」の音の向こうに「見えない水」を見る。これで末尾の「そう考えればあの『鹿おどし』は，日本人が水を鑑賞する行為の極地を現わす仕掛けだといえるかもしれない。」が作者の考えどおりにきちんと読み取れる。ここまで来て，それぞれの箇所の水についての様々な言葉が結びつく。この何か分からない，宙に浮いたような気分を大切に生かして，各所の言葉をつないで，筋が通るようにすること，これが読解である。書き出しでは「鹿おどし」のところは分からないままでよいのである。分からない気分を大切にしないといけないのである。それをそのまま保って，各所の言葉を結びつけていく。読解力の指導は分からないことを分かったことに変えていくための訓練なのである。はじめの分からない点を指導者が配慮せずに，あるいはその気持ちに気づかずに，整った文章ですねとして対比の表を作ってしまったのでは，子どもたちにとって退屈な授業になってしまうのである。

（4）柴崎友香の『きょうのできごと』

小説等の文学的な文章では，「テキストの中の情報にアクセスして，必要な要素を確実に取り出すこと」を失敗しやすい。柴崎友香の『きょうのできごと』を例にあげる。京都と大阪での場面を巧みに描き分けて構成している作品である。

その中の一つに，出町柳の地名やそこで賀茂川と高野川が合流する三角地帯が印象的に使われている（柴崎，2018，p.67）。「出町柳」は独特の響きを筆者の胸に伝えてくる。留年して大学５年めの筆者は，窓から高野川の流れが見える下宿で卒論を書いていた。４年生の時は，なんとなくまだ社会人としての枠にはめられたくなくてもう少し大学に残ることにした。仲間は就職あるいは大学院へ行き，周りに誰もいない訳でもないのだが，なんとなく世界の中で地面から足が浮き上がってひとりぼっちのような気がして，５年めになってからは今度は早く就職がしたくなった。そんな気分で流れの音を聞き川向かいの家並みを眺めながらぼんやり卒論を書いていた。筆者にとって「出町柳」はそんな気分で響いてくる言葉だ。だからそんな気分でつい読んでしまう。それが読解の落とし穴である。作者はそんな気分では書いていない。アパートの狭い部屋で酒盛りをするのは同じかもしれないが，会話が違う。交わされる内容，それを表す言葉，言葉のつながりの長さ（短さ），交わすタイミング。全てが違う。そこを作者はどんな思いで使っているのか。書かれた言葉の中で手がかりを拾って再現していく。それが読解だ。読者が自分の思いを重ねるのは，鍵を握る言葉を結びつけて作者の思いを正確に解釈してから後のことである。

大阪の場面でも，学校帰りの駅を特急電車が通過するのだが，「白地にオレンジと黄色のラインの入った」電車なんかは通っていないのにと立ち止まってしまう。読者は自分の世界で読んでしまう。作者にとっては，いま目の前にある電車は「白地にオレンジと黄色のラインの入った」電車なのだ。日差しはホームの端にあり，「私たち」はホームの向こうに夏の空が見える駅のベンチから眺めている。その設定があるだけだ。好きな男の子をせっかく誘い出したのに，どこに行くとも決まらないままぼんやりおしゃべりを続けている。書かれている「白地にオレンジと黄色のラインの入った」をはじめとするキーワードで，そこの気持ちを読み取っていくのだ（柴崎，2018，p.129）。

文学的な文章は論理的な文章に比べて読解の時に「雑音」が入りやすい。だから，余計に注意して言葉を丹念に拾い上げて結びつけて作者の世界を再構成していかないといけない。訓練の基本は論理的な文章と同じであるが，より繊細な注意力が必要になる。

3　そもそも読解力とは

「テキストの中の情報にアクセスして，必要な要素を確実に取り出すこと」といっても，実はそんなに簡単なことではない。そこには言語が持つ制約と曖昧さを理解しないといけない。「みかん」と聞いて，色を思い浮かべる人もあれば味を想像する人もいるし，こたつでの団欒を思う人もあれば，みかんに関わる強い体験を思い出す人もいる。一人ひとりの経験世界の違いによって言語の持つ意味は違ってくる。文章を読んでも，まずは自分の言語世界で読んでしまうしそう読むしかできない。ここが読解の訓練の難しいところである。

文章の言語には書いた人の世界で持つ意味がある。読者にもその人の世界の意味がある。読者は自分の世界での意味から解釈する。その制約から，どれだけ作者の世界と共通する世界を広げていけるか。読解力の育成にはそんな訓練も必要なのである。国語の授業でその広げる力の育成をめざす。その力が想像力である。「思考力や想像力を伸ばすとは，言語を手掛かりとしながら創造的・論理的に思考する力や深く共感したり豊かに想像したりする力を伸ばすことである。」（文部科学省，2019，p.23）とあるように，想像力とは，けっして情緒的な働きだけではない。２の（３）でみた「鹿おどし」と「流れる水」での「分からない宙に浮いた気分」の理解を，自分とは違う作者の言葉をもとに進めていくのが想像力であり，２の（４）でみた自分とは違う作者の言葉の意味を理解して作者の言葉で世界を再現していくのが想像力である。自分が持っている言語の世界では解釈できなかった未知の言語世界を，自分が持っている言語の世界の幅を新しく開拓して広げていって理解できるようにする。それが読解力の一つの軸である。

小説の作家も，やはり自分の世界の言語でしか語れない。しかし，言葉を研ぎ澄ませることで，多くの他者の世界との重なりを広げていくことができる。それをどれだけ読者は自分の世界に取り込めるか。これが小説の読解力である。文学的文章の読解では論理的文章の読解よりもその世界をより多く広げる必要が出てくる。そこを想像力で広げていくのである。

2の（1）から（3）で述べた文中の言葉の結びつきを追っていく力は読解力のもう一つの軸である。読解力の育成とは，言葉の結びつきを追っていく力の軸（「つなぐ」）と，自分が持っている言語の世界の幅を広げていく力の軸（「ひろげる」）の，その二つの軸を伸ばしていく力を引き出す訓練である。一元的には言えないが，前者の軸の訓練は論理的文章によることが多いであろうし，後者の軸の訓練は文学的文章によることが多いであろう。それゆえ，読解力は論理的文章の読解力の訓練から始めて，その上に文学的文章の読解力も併せて積み上げていくのが効果的であると考える。しかも，そんな力は，学校の授業の中で完成させる必要はない。完成させることはできない。子どもたちは学校を卒業すると自分で生きていかねばならない。自分で相手の言葉を解釈せねばならない。その訓練を学校でする。教師は完成を求めない。正解を求めない。その努力する姿勢と力を育成する。読解力の育成は正解ではなく努力の過程を求めるのである。

これまで，教師は自分の世界の読解を唯一の正解として指導してこなかっただろうか。子どもたちが自分で読解の根拠を見つけ出し，それをつないで解釈をする。その解釈を付き合わせて互いに議論する。議論の過程で自分の世界の言語では解釈できなかった新しい世界の言語と出会うことがある。その結果，より広い言語の世界を獲得して新たなつながりを見つけ出し，より深い解釈ができるようになる。PISA型読解力の育成はこれでなければならない。根拠の取り間違い，つなぎ方の間違いがあって，解釈の間違いもあろうが，それを議論の中で気づかせるのである。教師の解釈に合わせて正解を求める授業からは脱却せねばならない。

　読解力ということで，言葉の結びつきを追っていく力（「つなぐ」）の軸と自分が持っている言語の世界の幅を広げていく力（「ひろげる」）の軸という，二つの軸の観点からの育成を述べた。かつ，その育成には，一つの正解を求めるのではなく，子どもたちが互いに議論する過程で，結びつけていくための根拠の誤りを修正したり，自分の言語の世界の狭さを感じ取って広げていったり，そんなやりとりの中で読解の力をより高めていくことを求めるのである。

参考文献

文部科学省・国立教育政策研究所「OECD 生徒の学習到達度調査2018年調査（PISA2018）のポイント」2019

https://www.nier.go.jp/kokusai/pisa/pdf/2018/01_point.pdf

文部科学省「OECD 生徒の学習到達度調査～PISA 調査問題例」2010

https://www.mext.go.jp/component/a_menu/education/detail/__icsFiles/afieldfile/2010/12/07/1284443_02.pdf

文部科学省『高等学校学習指導要領解説 国語編』東洋館出版社，2019

柴崎友香『きょうのできごと 増補新版』河出書房新社，2018

高村光太郎『智恵子抄』新潮社，1956

山崎正和『混沌からの表現』PHP研究所，1977

特集◎PISA型読解力――論理的な認識に導く言葉の力を

論理的な読みなくして，物語の読みの面白さは学べない

二瓶 弘行○にへい ひろゆき

1 ある「大造じいさんとがん」の授業

もはや教科書の古典とも言うべき椋鳩十の「大造じいさんとがん」（東京書籍 五年 令和二年度用）を学習材に，二十代の頃に授業を試みたことがある。

これまでにも，多くの実践記録が重点的に扱ってきた，残雪とはやぶさが格闘する場面。そして，多くの実践記録に見られる学習課題を私も子どもたちに提示した。

大造じいさんは，何故，じゅうを下ろしてしまったのでしょう。この時のじいさんの気持ちを話し合おう。

本文には，確かに「が，何と思ったか，また，じゅうを下ろしてしまいました」とある。大造じいさんの気持ちが直接描かれていない。読者に読みが委ねられる。子どもたちも様々に意見をもてるだろう……。

ある子は言う。「突然現れた残雪が，自分の飼い慣らしたおとりのがんを助けようとしていると，じいさんは思ったのでは。」

ある子は述べる。「とりあえず，様子を見ようと思ったのではないかな。もしかすると，はやぶさが残雪を代わりにやっつけてくれるかもしれないと期待したのかもしれない。」

また，ある子は話す。「間違って，おとりのがんを撃ってしまうと悪いから。だって，空中で激しく動いてるわけでしょ。」

子どもたちの発言が続く。多様な意見が出され，黒板が板書で埋まっていく。

けれども，それだけだ。自分と異なる意見も，なんとなく意味が分かる。なんとなくいい。少し違和感がある意見も，なんとなく否定はできない。そうして，子どもたちは曖昧な思いを抱きながら授業は終わる。教師である私もまた。

曖昧な読みの発表会のような授業，このような物語の授業を繰り返す限り，論理的な読みの力は，決して育たない。言葉と言葉をつなげながら，言葉を根拠に，自らが納得でき，他者を説得できる確かな読みを創造していく，論理的な授業づくりへの志向が必須である。

2 「曖昧な読みの発表会のような授業」から「論理的な読みの授業」へ

（1） 物語を詳しく読むことの意義

物語を詳しく読むことの意義をあらためて確認しておこう。

優れた物語，例えば，「海のいのち」「ごんぎつね」「お手紙」「大造じいさんとがん」「一つの花」は，初読のたった一度の読みでも，読者である私に何らかの感想をもたせてくれる。けれども，その物語を繰り返し読むことによって，その受け取る感想が確かに変わる。

一回きりの読書では，まだ読めていない言葉がある。まだつかめていない言葉と言葉のつながりがある。そのつながりを押さえることなくして読めない，きわめて重く深い言葉がある。その言葉が見えたとき，それまで見えなかった人物の心情が読める。場面の情景が読める。物語全体を通して描かれている大きな変容がはっきりと分かる。

そして，そのとき，その物語作品は，読者である自分に「生きるってね，人間ってね……」と，人生のある真実を強く語りかけてくる。それは，初読でもつことのできた感想を遥かに超えるものだ。それこそが「作品の心」（主題）。

教室での授業で，詳しく言葉を読むのだ。言葉と言葉のつながりを，言葉の隠された重さを読み取るのだ。そうすることによって，物語から受け取る感想が確かに変わる。

（2）「大きな三つの問い」をもとに詳細に読解する

では，何を，どのように「繰り返し詳しく」読めばいいのか。

はじめの場面から順番に，場面ごとに人物の気持ちを読み取っていけばいいのか。場面の様子を想像していけばいいのか。何度も何度もスラスラと読めるようになるまで音読を繰り返せばいいのか。

これは，学習指導要領「読むこと」領域の学習過程の第二段階「精査・解釈」に直接関わる重要な論題であるとともに，長年にわたって数え切れないほどの物語の教室が追い求めてきた課題でもある。

そして，私が提案するのが，「大きな三つの問い」をもって読み返すこと。

物語の「大きな三つの問い」

① 最も大きく変わったことは，何か。

② それは，どのように変わったか。

③ それは，どうして変わったか。

小学校国語教室で子どもたちが出会う物語は，様々な出来事を通して「変容」を描く。そして，その「変容」を読み取ることこそが，物語の読みの中心であり，読者である子どもたちそれぞれが，確かな感想をもつこと，すなわち，自分の「作品の心」（その物語が読者である自分に，「生きるってね，人間ってね……」と，最も強く語りかけてくること）を受け取ることの基盤である。

だからこそ，「クライマックス場面」（山場）は，物語において最も重要な中心場面である。それは，この「クライマックス場面」が，「物語全体を通して，あること（多くは，中心人物の「心」）が，最も大きく変わるところ」，すなわち，変容が最も明確に描かれる場面だからだ。

学習過程を踏まえて，物語の出来事の大きな流れを捉え，全体構成を検討して「クライマックス場面」を押さえてきた子どもたちは，ここで「大きな三つの問い」を自然にもつ。

> クライマックス場面はやはりこの場面だ。確かに，何かが大きく変わっている。この「何か」はおおよそは見えている。けれども，その「何か」をもう一度詳しく作品全体を読み返すことにより明らかにしよう。関連して，その物語全体を通して最も大きく変わった「何か」は，どのように変わったのかについて，クライマックス場面を中心に自分の読みをもってみよう。さらには，どうして変わったのか，その変化の理由についても作品全体から検討していこう。
>
> この物語では，「何が，どのように，どうして」変わったのか？　この大きな三つの問いをもとに詳しく読み返す過程で，きっと，この物語は，少しずつ少しずつ自分に強く語りかけてくるだろう。その強く語りかけてくるものこそが「作品の心」。自分なりの言葉で受け取った「作品の心」を表現するまでには時間がかかるだろう。でも，それが楽しみだ。さあ，これから，読み返してみよう。

この「大きな三つの問い」は，物語によって異なる問いではない。もちろん，懸命な教材研究をもとに教師が提示する発問でもない。子どもたちがつくる共通学習課題でもない。「変容」を描く，すべての物語そのもの自体がもつ，言わば，「必然の問い」である。

この「最も大きく変わったこと」に関わる「大きな三つの問い」についての

自分の考えをもつためには，物語全体を深く読み返し，出来事の流れを明確に押さえつつ，言葉と言葉をつなげながら，人物の行動や心情，人物関係を読み取らなければならない。

そして，そのような読みの過程を通して，「作品の心」を自ずと受け取ることができる。

したがって，物語の全体構成を基本四場面（前ばなし場面－出来事の展開場面－クライマックス場面－後ばなし場面）から捉えること，特にクライマックス場面を構造的に把握することは，「大きな三つの問い」にもとづく詳細な読解のために，きわめて重要な読みの段階となるのである。

その物語のクライマックス場面を押さえるためには，場面の移り変わり（出来事の流れ）が捉えられなければならない。さらに言えば，そのためには，すべての物語は場面で構成されていること，そして「時・場・人物」に関わる言葉を押さえることで，場面が変わることを理解している必要がある。

3　再び，「大造じいさんとがん」の授業

若い頃の「曖昧な読みの発表会のような授業」から数十年。何度も試行錯誤を繰り返し，そして，今の「大造じいさんとがん」の授業。

（1）出来事の流れの把握…………………………………………………………

まずは，「出来事の流れ」を把握するため，場面構成を検討する。

原文そのものが大きな四つのまとまりから構成されている。この大きなまとまりを「章」と捉え，そして，その章の構成が，「年」を観点にまとまっていること，すなわち，四年間にわたる「大造じいさんと残雪の戦い」という出来事を描いていることを押さえる。

次に，これもまた，「ごんぎつね」の学習を踏まえて，この４章のまとまりを場面で捉え直してみる。すると，１章から３章までのそれぞれの「年」が，「時」の観点から，さらに小さく二つの場面に分けられることに気づく。

章	場面	作品構成	出来事
×	前ばなし場面	×	
1章	1場面	出来事の展開場面1	「ウナギ釣り針作戦」計画・準備
	2場面	出来事の展開場面2	「ウナギ釣り針作戦」の決着
2章	3場面	出来事の展開場面3	「タニシばらまき作戦」計画準備
	4場面	出来事の展開場面4	「タニシばらまき作戦」の決着
3章	5場面	出来事の展開場面5	「おとりのがん作戦」計画・準備
	6場面	クライマックス場面	「おとりのがん作戦」の決着
4章	7場面	後ばなし場面	春の朝のじいさんと残雪の別れ

どの「年」の出来事も，「戦いの決着のつく，その日」と，「その日までの準備・計画の期間」の二つの「時」から構成されているのだ。

以上の学習をもとに，「大造じいさんとがん」の出来事の流れをまとめる。

（2）物語「大造じいさんとがん」が描く，最も大きな変容………………………

「出来事の流れ」を把握した子どもたちは，いよいよ，物語「大造じいさんとがん」が描く「大きな変容」を検討する段階に入る。

> 物語の変容を読み取る，大きな三つの問い
> ①　何が変わったのか？
> ②　どのように変わったのか？
> ③　どうして変わったのか？

まずは，クライマックス場面が「三年目の戦いの決着」の場面であること，

さらに，描かれている「変容」が「大造じいさんの心」であることを確認する。

そして，最後の場面は，その後を描く「後ばなし場面」であることも共有したあと，大造じいさんの心（残雪への見方・思い）が，「いまいましいやつ」から「英雄・えらぶつ」へと変わったのだと押さえた。

その上で，次の話題で対話する。「③どうして変わったのか？」に関わる，最も重要な「中心話題」である。

大造じいさんは，残雪のどのような姿を見ることによって，その心（残雪への見方）を大きく変容させたのか。

この話題は，教師が提示する一方的な「発問」ではない。また，子どもが作る「学習課題」でもない。物語を読むことの意義を知る読者が共有する，変容を捉えるための「必然の問い」なのである。

子どもたちはクライマックス場面を詳しく読み直し，残雪の姿と，それによって変容する大造じいさんの心として，以下の三つを捉えた。

①　おとりのがんを救うために，はやぶさに戦いを挑む残雪の姿 ②　じいさんを傷つきながらも首を上げ，正面からにらむ残雪の姿 ③　じいさんが手を伸ばしても，じたばたしない残雪の姿

どれも妥当な読みである。子どもたちは，それぞれが，場面の様子と人物の心情を言葉をもとに検討し，その「変容」の根拠を明らかにしようとした。独りよがりの読みではなく，仲間との対話によって，自らの読みを確かなものにしていく。

多くの教室での「大造じいさんとがん」の授業で，対話によって共有されるだろう読みがある。

それは，③の姿こそが，じいさんの心の変容を確かなものにした。①と②の姿は，まだ，その変わりつつある過程にすぎない。

それは，おそらく妥当である。けれども，私の解釈は少し異なる。

①の「おとりのがんを救うために，はやぶさに戦いを挑む残雪の姿」こそ，大造じいさんの心（残雪への見方）を大きくはっきりと変えた。

以下に，私の読みを述べてみよう。

大造じいさんは，残雪を「いまいましく」思っていた。それは，「いつごろからか，この残雪が来るようになってから，一羽のがんも手に入れることができなくなった」からだ。

じいさんは，この沼地を狩り場にしている猟師にもかかわらず，一羽のがんも捕れない。それも，「いつごろからか」なのだから，おそらく数年来のことだろう。生活を脅かす，許せない存在なのだ。

ところが，残雪は「りょうじゅうのとどく所まで，決して人間を寄せつけ」ないほどに，利口で用心深く，がんの頭領として仲間の命を守り続けている。

その残雪が，この今，初めてじいさんの銃の弾の届くところにまできたのだ。はやぶさ襲来のアクシデントは起きたが，あの「いまいましい」残雪を倒せる絶好の機会。じいさんは銃を構える。撃てばいいのだ。

しかし，「何と思ったか，また，じゅうを下ろしてしま」う。

実は，この「何と思ったか」は，視点人物の転換を意味する留意すべき表現である。物語は，いずれかの視点が設定されており，その視点によってすべての表現が決められる。詳述は避けるが，この物語「大造じいさんとがん」は，「三人称限定視点」が採られており，視点人物は「大造じいさん」に限定されている。したがって，大造じいさんの視点で物語全体が語られる。

ただ，この「大造じいさんとがん」が特異なのは，クライマックス場面の一部分においてのみ，視点人物が大造じいさんから残雪に転換するのである。それが特に効果的に表れるのは，次の表現である。

残雪の目には，人間もはやぶさもありませんでした。ただ救わねばならぬ，仲間の姿があるだけでした。いきなり，敵にぶつかっていきました。そして，あの大きな羽で，力いっぱい相手をなぐりつけました。

前述の「じいさんの心を変えた，残雪の三つの姿」において，②と③の姿に対するじいさんの気持ちは描かれているが，①の姿を見たじいさんの気持ちは書かれていない。それは，ここに述べてきた視点人物の転換が理由だ。

描かれていない，じいさんの行動の意味。だからこそ，読者は考える。

「大造じいさんは，何と思って，銃を下ろしたのだろう。」

そして，視点人物の転換によって描かれた，残雪の行動の意味。

「残雪の目には，人間もはやぶさもありませんでした。ただ救わねばならぬ，仲間の姿があるだけでした。」

残雪は，自分の危険を顧みず，はやぶさに突っ込んでいく。仲間を救うために。ここで，立ち止まって考えてみよう。

残雪は，逃げ遅れたがんを「おとりのがん」と分かっていて，助けようとしたのだろうか。

利口で用心深く，仲間の命をずっと守り続けてきた残雪。その残雪には，きっと分かっていたはずだ。自分の指示にもかかわらず，一羽だけ逃げ遅れ，じいさんの口笛のする方へ向かって飛んでいくがんが，今ともに生きている仲間のがんではないことを。

この「おとりのがん」は，言わば，卑怯者，裏切り者のがん。自分たちの命を奪うために人間に飼い慣らされたがんだ。

にもかかわらず，残雪は，「ただ，救わねばならない仲間」として助けるために，はやぶさに突っ込んでいった。

その残雪の行動に，強く心を動かされ，じいさんは銃を下ろした。

卑怯者の「おとりのがん」にもかかわらず，自分の命の危険を顧みず，仲間の一羽として救おうとした残雪……。

しかし，私の解釈は違う。

逃げ遅れた一羽が，「おとりのがん」だからこそ，残雪は，なんとしても救わねばならなかった。

残雪は知っていたのだ。このがんが，あのときのがんだったことを。

大造じいさんは，もう何年もの間，残雪のせいで一羽のがんも捕れなかった。けれども，１年目の第１場面で，がんを捕まえている。

残雪は頭領として仲間の命を守り続けてきた。しかし，自分の至らなさが原因で，仲間の一羽がウナギ釣り針の罠に引っかかってしまった。

残雪は悔しかっただろう。悲しかっただろう。

「さかんにばたついたとみえて，辺り一面に，羽が飛び散っていました。」

太いウナギ釣り針をなんとか外そうと，もがき苦しむ仲間のそばには，術もなく，ただ見守るしかできない残雪の切ない姿がたしかにある。

おそらくは，昼近くまで，その仲間のそばにいたに違いない残雪は，その仲間を残して，じいさんが来るまでにその場を去るしかなかった。

それから二年，今，その仲間のがんが自分の目の前にいる。あのときは救えなかった仲間を今度こそは救わねばならない。

「残雪の目には，人間もはやぶさもありませんでした。ただ救わねばならぬ，仲間の姿があるだけでした。」

そんな残雪を誰も銃で撃つことはできない。大造じいさんも，また。

はやぶさと沼地に落ちてきた残雪のもとへ，じいさんは「かけつける」。

その時のじいさんには，すでに残雪を捕らえる気持ちはなく，残雪の身を案じる思いがあったのではないか。

傷ついた残雪に，じいさんは手を伸ばす。捕まえるために無造作に片手を伸ばしたのではなく，そっと優しく両手を伸ばしたに違いない。

仲間を助けようと，自分の危険を顧みず，はやぶさに突っ込んでいく残雪の姿こそが，大造じいさんの残雪への思いを強く大きく変えたのだ。

特集◎PISA型読解力――論理的な認識に導く言葉の力を

読解力・論理力を育てる国語教育のために

「模擬読書会」からの応用

中洌 正堯○なかす　まさたか

1 「読解力」「論理力」のこと

「読解力」を「ものごとの解釈・評価力」と捉え，「論理力」を「根拠・理由を挙げ，筋道立てて表現する力」と捉える。「国語教育」における「ものごと」は，ことばで表現されたもの（表現するもの）を対象とする。ことばでの表現は，これまでもその特質から二大別されてきた「文学的文章」「説明的文章」に従う。「文学的文章」は形象を中心にしたもの，「説明的文章」は論理を中心にしたものである。

2 「物語読みクラブ」「情報読みクラブ」という方略

主体的・対話的で深い読みの方略を積み重ねることによって，「読解力・論理力を育てる」ことを考えてみよう。そのために，教室の国語科教育を包む，広い「国語教育」の場を設定する。

かつて本シリーズで「読書会単元の開発」[1]について論じた。その後，発展的に考察を進め，小学校国語教科書（学校図書，教育出版，三省堂，東京書籍，光村図書の2015年版）の教材を中心に，仮設した「物語読みクラブ」と「情報読みクラブ」の活動（模擬読書会）を年４回ずつ，２年間にわたって発表した[2]。前節との用語関係では，「物語」は「文学的文章」，「情報」は「説明的文章」に当たる。

どちらのクラブ活動も，ＡＢＣ３人のメンバーが会話する形態である。「物語読みクラブ」の場合，〈Ａは，物語をアニメ映画化するなどの映像的・劇的視点から／Ｂは，物語の虚構の方法をメタ認知する視点から／Ｃは，比べ読み・重ね読みによって新たな世界を形成する視点から〉の発言とした。

「情報読みクラブ」の場合，〈Ａは，情報を楽しみ，類推する観点から／Ｂは，情報の実証の方法をメタ認知する観点から／Ｃは，情報の関連性を求め，世界を広げる観点から〉の発言とした。

本稿は，「情報読みクラブ」の関係を扱う。

3 「情報読みクラブ　春の活動報告」

「春の活動報告」でＡＢＣの３人が取り立てた項目と教材は次のとおりである。

Ⅰ　森の恵み

「森を育てる漁師の話」（野坂勇作）／「森林のおくりもの」（富山和子）／「『本物の森』で未来を守る」（宮脇昭）／「ブナの森が支える豊かな自然」（斎藤宗勝）／「イースター島にはなぜ森林がないのか」（鷲谷いづみ）

Ⅱ　暮らしの行方

「里山は，未来の風景」（今森光彦）／「町の幸福論――コミュニティデザインを考える」（山崎亮）

Ⅲ　和文化の継承

「くらしの中の和と洋」（編集部）／「和紙の心」（町田誠之）／「和の

文化を受けつぐ――和菓子をさぐる」（中山圭子）／「『なべ』の国，日本」（渡辺あきこ）／「『鳥獣戯画』を読む」（高畑勲）

ここでは，「Ⅰ　森の恵み」の活動を取り上げてみる。

〈C　自分の家の水道水はどこからきているか。地図を開いて，河川の水系を確かめ，地下水脈を想像する。その上，河川の上流と下流の関係を考える。これは，以前の教材で，「森を育てる漁師の話」（野坂勇作）を読んだせいだ。／A　森林がもたらすものについては，「森林のおくりもの」（富山和子）が，木材，紙，火，水，土にわたって，歴史的経緯を詳しく述べているね。／B　その日本の多くの森林が，本来の構成を失っている。「『本物の森』で未来を守る」（宮脇昭）は，そのことを指摘し，東日本大震災のような災害に対抗するために，「森の防波堤」「森の長城」を造る実践的提案をしているんだね。／C　そんな中では，「ブナの森が支える豊かな自然」（斎藤宗勝）の紹介する世界遺産白神山地は，特別な感じがするなあ。「イースター島にはなぜ森林がないのか」（鷲谷いづみ）は，他山の石だね。〉

「Ⅰ　森の恵み」の項は，ここで終わっている。ここでの〈他山の石〉とはどういうことか説明を省いている。本稿では，後述するように，つづきの広く「深い読み」を試みる。上掲の活動報告は，紙幅の関係で，学習者が教科書の説明文教材を自由に読み，読書会を開くときの発言のワンポイントを提示したものである。

4　年間の活動報告の事項

1年間の春～冬の事項は，どうなっているか。

春―Ⅰ　森の恵み／Ⅱ　暮らしの行方／Ⅲ　和文化の継承

夏―Ⅰ　動物のいとなみ／Ⅱ　平和への願い／Ⅲ　先端技術の生かし方

秋―Ⅰ　植物の種子の広がり／Ⅱ　天気の予報　地震の予知／Ⅲ　メディアの理解

冬―Ⅰ　動物行動に学ぶ／Ⅱ　エネルギー問題／Ⅲ　先達のメッセージ

教科書の教材を中心に関係教材を寄せて項目を立て，ＡＢＣの３人に語らせているうち，一方で，これらの教材は，今，読むに値するかという問いが生じる。一つの尺度として，2015年の国連のサミットで採択されたSDGs(3)の17項目と照合してみる。

4/17　質の高い教育をみんなに→冬Ⅲ
6/17　安全な水とトイレを世界中に→春Ⅰ
7/17　エネルギーをみんなに　そしてクリーンに→冬Ⅱ
9/17　産業と技術革新の基盤をつくろう→夏Ⅲ
11/17　住み続けられるまちづくりを→春Ⅱ
12/17　つくる責任　つかう責任→夏Ⅲ，秋Ⅲ，冬Ⅱ
13/17　気候変動に具体的な対策を→秋Ⅱ
14/17　海の豊かさを守ろう→夏Ⅰ，冬Ⅰ
15/17　陸の豊かさも守ろう→春Ⅰ，夏Ⅰ，秋Ⅰ，冬Ⅰ
16/17　平和と公正をすべての人に→夏Ⅱ，秋Ⅲ

「情報読みクラブ」が春～冬の年間で話題にした事項は，SDGsの17項目のうち10項目に関わっていた。わが国の特性として，クラブが独自に取り上げたものには，春Ⅲ「和文化の継承」がある。

5 「広く深い読み」へ

「3　情報読みクラブ　春の活動報告」の「Ⅰ　森の恵み」について，ＡＢＣの会話形式でさらに踏み込んでみよう。

［一　襟裳町とイースター島］

Ａ 「他山の石」って，どういうこと？

Ｃ　うん，日本でも過去に，〈自然の利用方法を誤り〉，その土地の荒廃を招いた話があり，他人事とは思われないってこと。さっきも言った「森を育てる漁師の話」(4)に出ている。

B　そうだね。『月刊たくさんのふしぎ』から教材化されたんだね。

A　どんな話なのかな？

C　北海道の襟裳町百人浜のことなんだけどね，ここは，大和時代のころ，原生林に覆われた土地だったそうだ。ところが，コンブ漁で入植した人たちが，暖房のために木を伐りつづけ，ある時は，バッタの大群が緑のものを食べつくすこともあり，それでも人々は，魚粕を作る燃料にするために木の根株を掘り起こすことまでしたんだね。

こうして，森林が丸裸になった結果，襟裳独特の強風が，養分のある土を剥ぎ取っていき，「襟裳砂漠」が出現，人々は「スナクタミ（砂を食う民）」，コンブは「泥コンブ」と呼ばれるに至った。

A　そうか。イースター島の森林の話とは，いろいろ重なるところがあるね。イースター島も西暦400年ごろにはヤシ類の森林に覆われていた。この島に初めて上陸してきたポリネシア人は，まず，農地にするために森林を切り開いた。次いで，太い木を切り出して丸木船を造った。

B　その辺は，生活の必要からという点では同じだね。ところが，〈イースター島では，祖先を敬うために，火山岩の巨石に彫刻をほどこす宗教文化，すなわち，モアイ像の製作がさかんになった〉んだね。この像を運ぶために，森林が犠牲になった。この点が，襟裳とは大きく違っている。

A　そうだね。鷲谷さんは，森林破壊のもう一つの要因として，人間とともに上陸し，爆発的に繁殖したラットの食害を挙げているね。動物の関わりという点では，襟裳には，バッタの食害があったんだ。

B　その鷲谷さんのラットについての述べ方には不満があるんだ。というのは重要な論点だと思うのに，〈…さまたげたらしい〉〈…できなかったようなのである〉といった推測の述べ方だしね，冒頭の「花粉分析」に匹敵するラットの歯とか骨などの分析はないのだろうかと思ってしまう。

A　なるほどね。それにしても，両者がもう一つ大きく違うのは，一方が絶海の孤島であるのに対し，一方が北海道の一部という立地条件だね。

イースター島は，やがて，深刻な食糧不足から，村どうしの争いが絶えず，人口も減少していく。

C　確かに，立地条件がまるで違うんだね。襟裳のほうは，営林省が人々とともに森林の回復に着手する。記述を逆算すると昭和40年のころになる。大人の森になるには200年かかるそうなので，今，50数年が経過しているところで，５歳の幼い森にまで回復しているというわけだ。

［二　宗教文化モアイ像の意義］

B　鷲谷さんは，モアイ像そのものについては，何も評価していないのだけれど，その製作行為が，森林破壊の一翼を担ったことと，子孫たちの持続可能な道を閉ざしたことにおいてマイナス評価をしているといえるね。

C　モアイ像のことについては，手塚治虫が「この小さな地球の上で」というエッセイに書いたものがある。私は，中学校の国語の教科書(5)で読んだ。

　手塚治虫は，南米ペルーのナスカ高原にある，あの巨大な地上絵に関して，人間のもつ偉大で驚異的な賢さと評した後，人間は一方で，限りなく愚かしく悲しむべき存在でもあるとしてイースター島のことを挙げている。

　手塚治虫も，モアイ像そのもののことには直接触れないで，千体もの巨人像を造った島民が，自然破壊と食糧危機，そして殺戮——自滅の道をたどったことを嘆き，その行為を評したわけだ。

A　聞いていると，地上絵のほうは，それを礼賛し，その民族のその後の歴史には触れず，モアイ像のほうは，そのものを評価せず，島民のその後の歴史について慨嘆するというかっこうになっているね。

　記念物としては好みの問題という面もあるし，地上絵を描いた民族の歴史はどうだったのか知りたいね。

C　モアイ像のことについて，Bくん，何かインターネット情報があるんだって？

B　ああ。宮城県の南三陸町のことだけど，1990年にチリとの友好と復興のシンボルとして，モアイ像を公園に設置していた。ところが，このたびの東日本大震災で倒壊，それを，2013年島民が新しく造り，ふたたび設置したということなんだ。

C　友好と復興の偶像が私たちに何を語りかけてくるか，複雑だね。

A　写真で見る青空のもとでのモアイ像は，素朴で親しみやすい感じだよね。でも，雷鳴，風雨の日はどうだろうか。

これは妄想だけれど，日本列島の海岸線に，別のモアイ像が並ぶ――廃炉になった原子炉の施設が累々と並ぶ――というようなことにはならないでほしいね。

C　そうなると，自然の利用方法に対して，人間の英知の利用方法になってくるね。どちらも誤ると，未来はない。

「広く深い読み」の一例を示してみた。実際のクラブ活動では，話の起こし方，話材の提供の仕方，話の進め方，区切り方等，関連する相互学習もさまざまであろう。「話し合いの生産性」を原則として伸びやかなものでありたい。

6　情報の補充

前節の〈「広く深い読み」へ〉は，イースター島のことに話が流れて，話題の関係づけに重要な視点である〈森と川と海との結びつき〉のことが希薄になっている。

そこで，具体的には，次のような発言を補充して考える。

〈「カキのえさになる植物プランクトンがそだつためには，チッソ，リン，カリ，鉄分などの養分が必要なんだが，これらの養分は山の土にふくまれているんだ。

落ち葉が積みかさなってできる湿った土の中で，バクテリアという生き物のはたらきでこれらの養分が作りだされる。それが雨がふるたびに少しずつ水に溶け出し，川を通って，海にそそぎこみ，カキをそだてるんだ。

この気仙沼の海は，養分をとどけてくれる大川という川で，遠くはなれた室根山の森とつながっているんだ。山にゆたかな森がなければ，いいカキはとれ

ないんだよ」〉(畠山重篤)[6]

その他，クラブ活動に取り入れたいものに，新聞や雑誌などの情報がある。前節の展開に合わせて，新聞記事を例示してみよう。筆者の場合，地元の『京都新聞』から関心記事を抜き出し，スクラップブックを作っている。自分流の目次から，この１年間の関連記事を引き出すと，次のようになる（日付略)。

ア　「凡語」〈メープルシロップ／イタヤカエデ／下流の人々／森を守る〉
イ　「若いこだま」〈減る森林　野生動物を守ろう／SDGs／高校生15歳〉
ウ　「若いこだま」〈世界の水不足　何ができる／SDGs／高校生15歳〉
エ　「凡語」〈森林火災／熱帯雨林／開拓／畑や牧場／大豆や肉牛／先進国〉
オ　「凡語」〈近年の記録的なハリケーンや，豪雨，山火事／気候変動の脅威〉
カ　〈豪の森林火災　コアラ数万匹焼死か／高温・乾燥　焼失面積，北海道超〉
キ　「若いこだま」〈漁手伝い　琵琶湖守る決意／淀川水系／高校生17歳〉
ク　〈地球異変　文明の危機／南極で気温18度／バッタ大発生／山火事多発〉

アエオの「凡語」は一面のコラム記事，イウキの「若いこだま」は読者の声の欄「窓」の特集記事であり，カクは一般・特集記事である。

アの話題は，〈シロップができる湖北の森に蓄積した水はやがて琵琶湖に注いで京など下流の人々を潤す〉といったものである。この文脈は，先の畠山発言〈森と川と海との結びつき〉につながる。

また，エの論述からキーワードを取り出せば，クラブ活動の話題「森の恵み」のさらなる論点を引き出すことができる。再掲すれば次のとおりである。
〈森林火災／熱帯雨林／原生林／野生生物／二酸化炭素／地球温暖化／「焼き畑」／開拓／畑や牧場／大豆や肉牛／先進国〉

キの高校生は，漁を手伝った体験から，琵琶湖をめぐる問題について考え，淀川水系に思いをはせている。イウの高校生は，SDGsの学習からの「野生動物」と「水」への着目である。

話題は，「琵琶湖」「淀川」のような国内のものから，エのようなブラジル北部アマゾン地域のもの，カのような豪（オーストラリア）のもの，そして，クのような南極，アフリカ東部のものなどである。クの〈バッタ大発生〉がアフリカ東部のもので，記事には〈被害はケニア，ソマリア，ウガンダ，エチオピアなど広範囲に及ぶ。〉とある。その数，数千億匹とも言われる。襟裳町の百人浜の場合，バッタの大群が４年間襲い続けたということだが，依然として世界の今日的な問題である。

7　学びの脈絡

広い「国語教育」の場にあっては，「情報読みクラブ」の活動は，教室での時間に限らず，かつ，教科の枠を越えて展開される。

「情報読みクラブ」の活動は，小学校高学年からのカリキュラムを想定する。

「情報読みクラブ」の活動によって，読解力（ものごとの解釈・評価力）・論理力（根拠・理由を挙げ，筋道立てて表現する力）を自ら鍛えるようにしたい。学びの脈絡を整理しておくと，次のようになる。

⑴　教科書教材等から，興味・関心のある話題を選定する。

⑵　その教材を検討，吟味する。

ア　何について論述しているか。

イ　なぜ，何のために，だれに向かって論述しているか。

ウ　筆者はどう感じ，どう考え，何が言いたいのか。

エ　どのような仕組みや組み立てになっているか。

オ　どのように論述しているか。根拠にもとづいた論述になっているか。

カ　論述に過不足はないか。

キ　納得・賛同できることは何か。

ク　どのような他資料を思い出させるか。どのような他資料に当たることを促しているか。

⑶　関係情報（単行本，新聞・雑誌，インターネット，談話等）を収集し，検討，吟味する。

⑷「情報読みクラブ」に参画し，検討，吟味で得た「考え」を提示し，さらに検討，吟味を加える。

(5) (1)～(4)をメタ認知する（省察する）。

おわりに，上述の「模擬読書会」を実証する意味で，新聞記事から小学生，中学生の実践を一つずつ取り上げる。

一つは，千葉県袖ケ浦市の「図書館を使った調べる学習コンクール」に応じた小学校5年生の実践。その成果は，単行本[7]になっている。

「桃太郎」と「鬼」に関して，各種図書館，神社，博物館，民俗行事の地などをたずね（対話を重ね）る。文学作品をはじめ200冊以上の本を読む。問題を追究し，レポートにまとめていく。ほとんど学術研究のような営みである。

いま一つは，「小論文グランプリ」（京都府教育委員会主催）に応じた八幡市の男山東中学校2年生の実践。

授業の一例は，ゲーム依存症を防ぐため香川県議会がまとめた条例素案を題材に議論するというものである。議論のために「思考のすべ」（三角ロジック／比較／具体例／因果関係／反論／多面性／代替案など）を用意し，「他者から学ぶ」こと（対話の成立）を重視した実践である。

本稿の「読書会」が目ざすところもまた，他者から学ぶ，よき「対話の場」に他ならない。

注

(1) 中洌正堯「読書会単元の開発―比べ読みの試み」人間教育研究協議会編『教育フォーラム53』金子書房，2014，15-24

(2) 中洌正堯「物語読みクラブ　夏の活動報告」～「情報読みクラブ　春の活動報告」『季刊理想』理想教育財団，2018～2020

(3) 世界が2030年までに達成すべき17の環境や開発に関する国際目標。
Sustainable Development Goals　の略称。日本語訳「持続可能な開発目標」。

(4) 野坂勇作文・絵「森をそだてる漁師の話」『月刊たくさんのふしぎ』第132号，福音館書店，1996

(5) 『現代の国語1』三省堂，2006

(6) 注(4)に同じ

(7) 倉持よつば『桃太郎は盗人なのか？―「桃太郎」から考える鬼の正体―』新日本出版社，2019

特集◎PISA型読解力——論理的な認識に導く言葉の力を

●

説明的教材を用いて論理的な力を育てる

●

小森　茂○こもり　しげる

1　テーマに取り組むために

第一は,「説明的教材を用いて」とあると,多くの教師は「教科書の取り扱い」を連想しがちである。それだけで,「論理的思考力を育てる」ことになるだろうか。同様に,「文学教材を用いて」とあるが,多くの教師は「教科書の取り扱い」を連想しがちである。それだけで,「論理的思考力を育てる」ことになるだろうか。

否であろう。やはり,教師一人ひとりが読み方を自覚（意識）して,その指導や指導計画や指導と評価等の枠組みを変容させる（パラダイムシフト）ことが必要である。それが実現されないと,従来の方法や指導に終始してしまう。例えば,子どもの頃に,ノーベル賞受賞者の吉野彰氏や大隅良典氏を夢中にさせた『ロウソクの科学』（角川つばさ文庫,2017年初版）の目次は,次のようである。「第一章　とけたロウソクはどうなるの？」／「第二章　燃えたロウソクは,どこへ行ったの？」／「第三章　煙でガラスが『くもる』のはなぜ？」／「第四章　ロウソクはどうして燃えるの？」／「第五章　空気は目に見えないの？」／「第六章　ロウソクはどこからきて，どこへいくの？」。このように，筆者（マイケル・ファラデー）が説明したり主張したりしたい各章が密接な関係があり，次から次へと読みたくなるのである。「説明的教材」も同様であり，従来のように，一つの教材（章）だけを取り上げても限界がある。その「教材」を説明したり主張したりする「筆者」をしっかり取り上げることが，読み手である「論理的思考力を育てる」ことになる。それは「筆者」と「読み手」との会話（異論や反論も含めて）をしっかり位置付けることができる。このことが従来は希薄だった。

例えば，『人間力の育成――人間教育をどう進めるか』（梶田叡一責任編集，金子書房，2020年２月）の読み方も同様である。教科書教材のように一つの各論や一つの章に終始するだけで「論理的思考力を育てる」ことになるだろうか。否であろう。やはり，責任編集である梶田叡一氏の主張である「人間教育をどう進めるか」と会話や対話をして（異論や反論も含めて）しっかり取りながら読み進めるべきではないか。特に「未来社会への対応力」が強調される最近の教育論に対して，今日まで教育学や実践研究が積み上げてきた成果をどう位置付けたり，考えたりするのかという疑問を多くの読者（筆者も）は抱いているのではないか。

とすると，本書の梶田叡一氏の「育成すべき人間力とは何か――『未来社会への対応力』だけでなく」という立場は，是非読み進めたい意欲を喚起し，それが読み手の考えを広げたり深めたりして，「論理的思考力を育てる」ことになるのではないか。

以下２として，その手順を具体的に論述する。

2　読み方の基本を踏まえる

説明的教材を用いて「論理的思考力を育てる」ためには，筆者と会話や対話をして（異論や反論も含めて）しっかり読み進めるべきではないか。そのためには恣意的（主観的）な読み方を避けて，読み方の基本を踏まえることが大切である。

例えば，時枝誠記博士が提唱された，次のような「たどり方」（『改稿 国語教育の方法』有精堂，改版発行1970年）を参考にしたいものである。

「読むといふ作用の基本的形式は，読まれる対象である文章の基本的性質に規定されるものである。文章の基本的性質といふのは，それが時間的継起的に展開するものであるといふことである。それは同時的に全体を一望することができる絵画の場合と，全く対蹠的である。従つて，読むといふことは，文章の冒頭あるいは書き出しから，順序，読み下し，読み進めて行くことである。これは，旅行の道程を，一歩一歩，歩いて行くのに似ている。

このやうな読み方の形式を，私は「たどる」と名づけた。読み方教育は要するに文章のたどり方を教へることである。」（P.106）

この「たどり」読みの主張から，本書（『改稿 国語教育の方法』）では従来の読み方教育の主流である垣内松三教授の「センテンス・メソッド」を，次のように批判していくのである。

「垣内方式に従ふならば，教師は，児童に，先づ作品なり，教材なりの全体を通読させて，全体印象を捉へさせ，更に立ち返つて，作品を分段に分けて，構想を理解させるといふ順序で，学習が展開するのである。この方式は，既に述べて来たところで明らかなやうに，日常の読書の実際とはかけ離れたものである。全体の通読が可能なのは，教科書に取られた教材が，多くの場合に短編であるか，長編の一部分であるからであつて，一般的には読書の第一段階に，通読の段階を設けるといふことは，先づあり得ないことである。一般の読書の方法は，ただ一回切りのたどり読みである。ある部分を，再度読み返す場合でも，その部分のたどり読みである。」（pp.106-107）

このように時枝誠記博士と垣内松三教授のお二人の原理原則（パラダイム）が対立するのである。つまりある筆者の主張を展開すると，他の筆者の主張と対立したり，類似したりすることがあるのである。説明的教材を用いて「論理的思考力を育てる」ためには，１つの教材と一人の筆者だけに限定することなく，相反する原理原則（パラダイム）や類似する原理原則（パラダイム）を紹介するなど多面的な取り扱いが必要である。

3 「学習指導要領と新指導要録との緊密な関係」(1)

1）第1のパラダイムシフト……………………………………………………

この両者は“一対の緊密な関係”である。この認識を明確にすることが新指導要録作成の基本である。それは，従来の国語科の原理や原則的な枠組みを大きく変えるパラダイムシフトであり，平成元年学習指導要領と指導要録との緊密な関係を参考にする必要がある。

平成元年版学習指導要領の指導要録では，次のように示された。

「各教科等の評価については，新学習指導要領が目指す学力の育成，とりわけ自ら学ぶ意欲の育成や思考力，判断力，表現力などの育成を重視することとし，新学習指導要領に示す目標に照らして児童生徒のその実現の状況を評価することを基本に据える。」（審議のまとめ，平成３年３月13日，傍線等は引用者，以下同じ）

この新しい学力観と評価観とは，従前の国語科の「表現」「理解」［言語事項］中心のそれとは質的に大きく違うもの（パラダイムシフト）である。

これに対して，さらに指導要録は，次のように示された。

「観点別学習状況の評価を基本とした評価方法を発展させ，学習指導要領に示す目標に照らしてその実現状況を見る評価が一層重視される。」（「小学校児童要録等の改善等について（通知）」平成13年４月27日）

この下線部も，従来の相対評価（○，×中心の順位）から学習指導要領に示す目標に照らしてその実現状況を見る評価（絶対評価）へ大きく転換するパラダイムシフト（仮に，第１次とする）である。つまり，学習指導要領と新指導要録との緊密な関係を明確にしないと評価は実質化しないし，今回の学習指導要領と新指導要録も同様である。

2） 第２のパラダイムシフト（「３要素」の目標に準拠した評価）……………

今回の学習指導要領の骨格となる中央教育審議会「幼稚園，小学校，中学校，高等学校及び特別支援学校の学習指導要領等の改善及び必要な方策等について」答申（平成28年12月）では，「小・中・高等学校の各教科を通じて，『知識・技能』『思考・判断・表現』『主体的に学習に取り組む態度』の３観点に整理することとし，指導要録の様式を改善することが必要である。」と示された。さらに，基本的な評価方法については，毎回の授業で全てを見取るのではなく，単元や題材を通じたまとまりの中で，学習・指導内容と評価の場面を適切に組み立てていくことが重要である。」（同答申）とある。

とすると，国語科は，従来の①国語への関心・意欲・態度，②話す・聞く能力，書く能力，読む能力，③言語事項を中心とした知識・技能という観点別評価を転換させ，このたび規定された「知識・技能」「思考・判断・表現」「主体的に学習に取り組む態度」の３観点に照らして，単元や題材を通じたまとまりの中で，学習・指導内容と評価の場面を適切に位置付け展開していくことが基本となる。これも，国語科の原理や原則的な枠組みを大きく変える第２のパラダイムシフトである。

3） 観点別学習状況の評価と評定 ……………………………………………

その基本は，「小学校及び特別支援学校小学部の指導要録に記載する事項等」によれば，「小学校学習指導要領等」に示す各教科の目標に照らして，その実現状況を観点ごとに評価し記入する。その際，「十分満足できる」状況と判断されるものをＡ，「おおむね満足できる」状況と判断されるものをＢ，「努力を要する」状況と判断されるものをＣのように区別して評価を記入する。このねらいは，Ｂの実現状況のものはＡに高め，Ｃの実現状況のものはＢに高めることである。この実現には一学期から二学期，三学期へと年間を通して取り組むことが肝要である。それは，「本時の指導案等」や単元指導計画，年間指導計画等において，学習評価を通じて，学習指導のあり方を見直すことや個に応じた指導の充実を図ること，学校における教育活動を組織として改善することが重要である。その際，形式的な評価や詳細な基準ではなく，単元や題材を通じたまとまりの中で，学習・指導内容と評価の場面を適切に位置付け展開していくことが基本となる。

4）「知識・技能」「思考・判断・表現」「主体的に学習に取り組む態度」の３観点

このたびの小学校国語科の評価の観点及び趣旨が，次のように示された。

［知識・技能］日常生活に必要な国語について，その特質を理解し適切に使っている。／［思考・判断・表現］「話すこと・聞くこと」，「書くこと」，「読むこと」の各領域において，日常生活における人との関わりのなかで伝え合う力を高め，自分の思いや考えを広げている。／［主体的に学習に取り組む態度］言葉を通じて積極的に人と関わったり，思いや考えを広げたりしながら，言葉をもつよさを認識しようとしているとともに，言語感覚を養い，言葉をよりよく使おうとしている。

この「知識・技能」「思考・判断・表現」「主体的に学習に取り組む態度」の３観点を重ねると，［主体的に学習に取り組む態度］が「知識・技能」「思考・判断・表現」と有機的（相補的）かつ多面的に関係している。この関係を重視することが指導と評価の一体化である。具体的には，「話すこと・聞くこと」，「書くこと」，「読むこと」の各領域の「本時の指導案等」や単元指導計画，年間指導計画等には，［知識・技能］［思考・判断・表現］［主体的に学習に取り組む態度］の有機的（相補的）かつ多面的に関係を位置付け，３観点の資質・能力を螺旋的かつ発展的に高めることである。

こうした学びを実現するためには，個に応じた指導と評価の一体化を一層重視するとともに，子どもたちが「主体的に学習に取り組む場面」を創意工夫する必要がある。同時に，学校全体で個に応じた指導と評価の一体化に取り組むことが重要である。

さらに，観点別評価や評定にはなじまず，こうした評価では示しきれないことから，個人内評価（個人のよい点や可能性，進歩の状況について評価する）

を通じて見取る部分があることに留意する必要がある。(中央審議会の答申を参照)。

注

⑴ 小森 茂「小学校国語指導要録の改訂点と作成のポイント」(『小学校・中学校新指導要録全文・解説と通知表の作成」教育開発研究所編，令和元年８月１日）を加筆修正をしたものである。

終わりに

目標に照らして指導と評価を明確にするためには，従来の原理原則（パラダイム）をシフトする必要がある。その際，説明的教材を用いて論理的思考力を育てるためには，一つの教材に終始するだけでなく，その教材を産出した筆者の主張や原理原則（パラダイム）を学習者の側からしっかり取り上げることが重要である。それは，教材だから学習するという受け身ではなく，読み手の原理原則（パラダイム）と筆者の主張や原理原則（パラダイム）と対話したり対決したりする関係を学習場面に設定することである。

特集◎PISA型読解力――論理的な認識に導く言葉の力を

未来を担う子どもたちに必要な資質・能力を育てる言語技術教育

授業の実践

渡部 久美子○わたべ くみこ

はじめに

2020年度，約10年ぶりに改訂された学習指導要領が小学校において全面実施となった。今回の改訂では，先の見えにくい現代を生きる子どもたちに身に付けさせたい資質・能力の柱として「知識・技能」「思考力・判断力・表現力等」「学びに向かう力，人間性等」の３つが掲げられている。また，それらの資質・能力を育成するためには「主体的・対話的で深い学び」の視点が重要であることも示されている。これらの資質・能力を育成する学びにおいて重要な役割を果たすのは，すべての学習を支える「ことばの力」である。筆者の勤務校である聖ウルスラ学院英智小・中学校では，この「ことばの力」の重要性にいち早く着目し，2007年度より言語技術教育を取り入れて，未来を担う子どもたちに必要な資質・能力を総合的に鍛える実践を続けてきている。

教育課程特例校として「言語技術科」を独自に設定している本校の実践は，つくば言語技術教育研究所所長の三森ゆりか氏が示される体系的なプログラムに基づくものである。１年生から９年生（中学３年生）までが，週に１時間ずつ実践している言語技術科のカリキュラムには，９年間を通して，対話，説明，絵やテクストの分析，物語の創作，要約，作文等の学習内容がスパイラルかつ発展的に構成されている。この教育において指導者が一貫して子どもたちに求めているのは，対話の中で主体的に関わりながら，既知の知識や技能を土台として，課題解決のために論理的・分析的・多角的・批判的に思考し，思考の過程や判断した結果を相手に分かりやすく表現することである。これは，まさに今般改訂の学習指導要領が育もうとしている子どもたちの資質・能力と一致している。言語技術科で習得したこれらの力は，汎用的能力として他教科，そして教育活動全般で生かされ，さらに広く深い学びの中で磨かれていく。

では，実際，言語技術科の授業がどのように行われているのか。言語技術科の基本となる対話のトレーニング「問答ゲーム」，そして既知の知識・技能を基に思考を重ねながら，分かりやすい説明の仕方のスキルを獲得する「描写」の授業について，本校の実践をご紹介する。

1　対話のトレーニング「問答ゲーム」

「問答ゲーム」は言語技術科の中で最も基礎的な学習であり，言語技術科のみならず，すべての教科，教育活動の土台となる対話のスキルを鍛えるのに有効な学習である。問いに対して，「主張（結論）・根拠（理由）・再主張（結論）」の型で答えるというこのゲーム形式の学習では，次のような態度や能力を子どもたちに習得させることができる。

①主体は自分であることを意識し，自分の考えに責任を持って話す態度

②自分の考えの根拠（理由）を挙げて筋道立てて話す力

③自分の考えを整理して話す力

④論理的思考力

⑤質問を畳みかけられたとき，即座に応えられる思考力と精神力

⑥相手の考えと自分の考えを比較しながら分析的に聞く力

以上のような態度や能力は，他者とのコミュニケーションを円滑にするために必要不可欠であり，それらを楽しみながら効率的に習得できるのがこのゲー

ムのよさでもある。ちなみに，「問答ゲーム」には「好きか嫌いか」「賛成か反対か」「どちらを選ぶか」「立場を決めて」「事実か意見か」などのパターンがあり，さまざまな視点から子どもたちの思考を深めることが可能である。問答を行う際にはいくつかルールがあるが，指導者が特に子どもたちに意識させているのが次の３つである。１つ目は，「一人称の主語を必ず入れる」ことである。日本語の場合，主語抜きでも会話が成り立つことが多いため，子どもたちは主体が誰であるかを明確に示さない話型に違和感を持たずに育ってきている。自分が主体となり，責任を持って考えを発信しようという意識付けのためにこのルールはたいへん有効である。２つ目は先に示した通り，「主張（結論）・根拠（理由）・再主張（結論）の型で答える」ことである。この型を徹底することで，なぜそう考えるに至ったかという過程を整理し，筋道立てて相手に分かりやすく表現する力を子どもたちに身に付けさせることができる。３つ目は「５Ｗ１Ｈを意識する」ことである。この意識付けによって，必要な情報を抜けなく伝える力，また，相手の話を聞いて不足がないかを正しく判断し，新たな問いを畳みかける力を養うことができる。小学１年生から継続して行われる「問答ゲーム」では，初め，主語抜けや，単語のみによる答え，問いに対する整合性に欠ける答えが続くこともあるが，指導者が根気強く問い直しながら，納得のいく答えを求め続けることで，子どもたちのスキルは向上していく。問答は，教師対子どものみならず，子どもたち同士でのやり取りも行わせているが、この取り組みは分析的，多角的，批判的に思考する力を育むのに有効な手立てである。以下は，子どもたち同士で行った９年生の「問答ゲーム」の様子である。

Ａ：あなたは中学生が制服を着ることに賛成ですか，反対ですか。

Ｂ：私は中学生が制服を着ることに賛成です。なぜなら，学校へ行くのに着ていくものが決まっていると，毎朝，服選びで悩まなくていいからです。中学生ぐらいになると，周りの目が気になったり，他の人がどんな服を着ているか気になったりします。でも，みんな同じ制服だと，服に関してあれこれ悩むこともなく，服選びに時間がかからないので，その分時間にも余裕が生まれます。だから私は中学生が制服を着ることに賛成です。

Ａ：時間に余裕ができるとどのようなメリットがありますか。

Ｂ：私の場合，例えば，朝ご飯をゆっくり食べたり，早めに家を出たり，というメリットがあります。……

一方，この問いに関しては当然のことながら，次のような反対意見も出てくる。

Ｃ：私は中学生が制服を着ることに反対です。理由は２つあります。１つ目の理由は，制服は動きづらいからです。私は自転車通学をしていますが，制服のズボンは伸縮性がないし，ペダルをこぐときに裾が引っかかって困ることがあります。２つ目の理由は，制服には個性がないからです。私は，一人ひとりが自分の着たい服を着て個性を出すことで，友だちにも自分のことをよく分かってもらえると思っています。以上のことから，私は中学生が制服を着ることに反対です。

Ｄ：あなた自身が通学にふさわしいと考える服装はどのようなものですか。

Ｃ：私が通学にふさわしいと考えるのは，○○ブランドの運動着です。動きやすいし，◇◇（スポーツ）が得意な私の個性が出るからです。……

これらはほんの一例だが，９年生ぐらいになると実に多様な意見が飛び交う。普段，自分の意見を述べることに苦手意識を持つ生徒が，嬉々としてペアで対話している様子が見られるほどである。授業では，ペアでの問答の後，いくつかのやり取りを全体で共有し，指導者は「この答えに，次の問いはふさわしかったか」「自分ならどんな問いを畳みかけるか」「どう答えたらもっと相手に自分の考えを分かりやすく伝えられるか」という観点を子どもたちに与える。そうすることで，子どもたちは対話の中身をさらに，分析的，多角的，批判的に捉え，思考を深めていくことができる。また，この授業の場合，思考が深まったところで，付箋を用いて自分の考えを整理させ，意見型のパラグラフ[1]作文を書かせる活動を行っている。パラグラフは「問答ゲーム」の型と同じ構成を持つため，子どもたちは抵抗なく記述の活動に取り組み，筋道だった意見文を書き上げることができる。

こうして習得したスキルは言語技術科の授業にとどまることなく，他教科や教育活動全般における自分の考えの発信の仕方として子どもたちに定着していく。この成果は，本校の教員が共通認識をもって，型に則った答え方や思考を求め，指導にあたっていることも大きな要因である。このように，「問答ゲーム」は言語技術科の最も基礎的な学習でありながら，汎用的に対話のスキルを鍛え，論理的な作文を書く技能の育成にまで結びつく非常に有効な学習であるといえる。

2　説明「描写」

言語技術科では「説明」をする際，他者に分かりやすく情報を伝えることができるように，空間配列（spatial order：日本語訳が確定していないため，三森氏の著書（2013）では空間配列と呼んでいる）の考え方を鍛える学習を行っている。空間配列とは，空間として示された情報を明確なルールに基づいて論理的に示す方法である。日本の教育において「説明」は一般的に時系列で行われる場合が多く，空間配列の考え方を教わることはほとんどない。しかし，この空間配列の考え方こそが，情報の取り込み方，筋道立った情報の整理の仕方に結びつくものであり，子どもたちの論理的思考力を育むために必要なスキルとなる。

この空間配列を学ぶ学習として，言語技術科には「描写」という単元がある。「描写」とは視覚で捉えた対象を，論理的な順序で，相手に分かりやすく言葉で表現することを指す。対象は人物や物，絵やマークなどさまざまであるが，どの対象であっても授業ではまず，客観的な視点で，事実を伝えるために必要

表１　空間配列のルール（三森，2013）

大原則	小原則
概要から詳細 全体から部分 大きい情報から小さい情報	左から右（右から左） 上から下（下から上） 手前から奥（奥から手前） 外から中（中から外）

な情報を取り出すことから始める。そして，それらの情報をどの順序で伝えたらよいか，優先順位を考える際に重要視しているのが空間配列のルールである。

「描写」の学習は，本校では小学２年生から組み込まれている。基礎的な「描写」の積み重ねの後に行われる４～６年の「国旗の描写」は，スパイラルかつ発展的という観点からたいへん巧みに組み立てられた教材である。付箋を用いて思考を視覚化しながら行う「国旗の描写」は，フランス共和国国旗，中華人民共和国国旗，アメリカ合衆国国旗の順に学習が進められる。まず，フランス共和国国旗の様子を描写では，必要な情報を①形，②模様，③色の順で項目立てて説明する必要があることを子どもたちは議論を重ねながら理解してい

図１　フランス共和国国旗

図２　中華人民共和国国旗

図３　アメリカ合衆国国旗

①形：横長の長方形＞縦横の比は２：３
②模様：縦縞＞縞は３本＞太さは均等
③色：３色＞左から青・白・赤

図４　フランス共和国国旗の描写　説明の順序と詳細（三森，2013を改変）

く。この順序である理由は，「全体の形があるから模様を描くことができ，模様があるから色を塗ることができる」からである。順序が決まると，次はそれぞれの項目の中で説明の詳細を詰めていく（図４）。

中華人民共和国国旗やアメリカ合衆国国旗も説明すべき項目は前述の３項目と基本的に同じで，初めに述べるべきは①の形である。しかし，それぞれの国旗の特性により，その後の説明の順序がフランス共和国国旗の場合とは異なる。中華人民共和国国旗は全体の地の赤い色が，左上の模様である大小５つの黄色い星よりも大きい情報となるため，②地の色，③模様と色の順で説明することになる。子どもたちは赤い地の上に，黄色い星の模様がワッペンのように貼り付けられるイメージで，その説明の順序に納得する。さらに，アメリカ合衆国国旗については，地の横縞模様と左上の紺地上の星模様が組み合わさっているがゆえに，説明が複雑になる。子どもたちには，何とかこれまで学んできた２つの国旗の描写スキルを生かして考えられないかと問いかけ，思考を進めさせる。すると，子どもたちは全体の情報から部分の情報へという空間配列のルールの大原則から優先順位を導き出し，②全体の模様→色（フランス共和国と同様），次に③左上の部分の形→地の色→模様と色（中華人民共和国と同様），の順に説明する方法にたどり着く。つまり，考え方としてはフランス共和国国旗の左上に中華人民共和国国旗が貼り付けられているという思考の順序で考えればよいことに気付くのである。順序が定まると，聞いている相手が描写の対象を正しく認識できるように，詳細の説明の仕方について詰めていくことになる。こうして，既知の知識や技能を駆使して論理的に思考し，この複雑な国旗の様子を分かりやすく表現するという課題を解決していくのである。

３国旗の描写で子どもたちが得たこのスキルをさらに活用，定着させるために，本校では新たな国旗の描写をグループワークで取り組ませる学習の場を設けている。2018年11月に実施された，本校の公開研究会における「国旗の描写」の授業（指導者：早坂愛教論）は，ルワンダ共和国，シンガポール共和国，ブラジル連邦共和国の３種類の国旗を扱い，次のような流れで行われた。

①個人で描写（宿題として）

②６つの小グループ（４名）で議論

③３つの中グループ（同じ国旗描写を行った８名）で議論

④全体で３つの中グループによる発表・議論

子どもたちは新たなチャレンジに意欲を示し，学習を進めていった。以下は③の中グループごとの議論の様子である。小グループの議論では不足していた説明の詳細をもみながら補い，より良い表現を導き出そうとする姿が見られた。

〈ルワンダ共和国チーム〉

Ｓ１：部分の模様の位置は，（旗）全体を均等に，十字（の線を入れるよう）にして四分割して。

Ｓ６：部分の模様って具体的に何。

Ｓ１：これから説明するからいいんじゃない。

Ｓ６：今から言うこと，例えば，太陽を先に持っていって，それから，位置は，の方がいいんじゃない。

Ｓ３：（以前学習したワークシートを見返しながら）これだって位置から言ってるよ。

Ｔ：突然「部分」が出てきたら分かりにくい，というのであれば，前回やった方法で生かせることないかな。今回の国旗は何タイプ？

Ｓ６：アメリカタイプ。

図５　ルワンダ共和国国旗

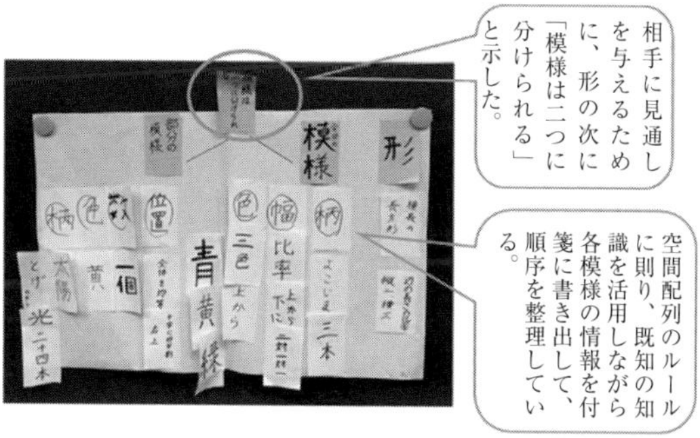

図６　ルワンダ共和国国旗　描写の樹形図

S３：(ワークシートを見返しながら) 最初に模様を分ける，って言えばいい。
S６：どういうこと。
S１：模様は全体と部分の二つに分けることができる，って最初に言えば，突然，部分の模様は，って出てきても大丈夫じゃない。
S６：なるほど。

〈シンガポール共和国チーム〉
S５：三日月のところどうする。
S７：二十六日月と逆三日月と迷ったけど右側が欠けた三日月かな。理科的には二十六日月。
S８：描写は，相手の頭の中に想像させることだから，聞いていて分かりやすい方がいいよね。
S７：じゃあ，言葉で説明してみるからどれが分かりやすいか聞いてて（３種類読み上げる)。
S９：右側が欠けた三日月が迷わず想像できる。

図７　シンガポール共和国国旗

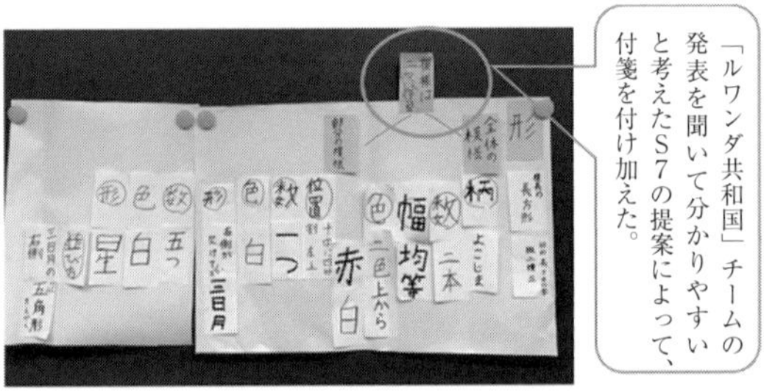

「ルワンダ共和国」チームの発表を聞いて分かりやすいと考えたS７の提案によって、付箋を付け加えた。

図８　シンガポール共和国国旗　描写の樹形図

〈ブラジル連邦共和国チーム〉
S２：形の次は全体の色でいいよね。あとから黄色と円のワッペンを貼るから。
S４：じゃあ，旗全体の色は緑で，旗の中心に黄色のひし形があって，ひし形の中心に青い円がある，になるね。

S10：次は白の線，星，どっち。

S２：前の情報は青い円でしょ。青い円と，白い線と星ではどっちが関係が近いか考えよう。

S４：白い線が先だと，白い線の下に星ってなってここ（白い帯の下の部分を指さして）になっちゃうよね。

S２：青い円には白い星が散らばっている。さらにその上に白い線がある，の方がいい。

S４：そもそも白い線じゃなくない。線より太い。

S２：じゃあ帯にしよう。

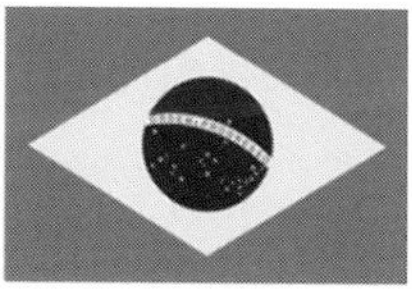

図９　ブラジル連邦共和国国旗

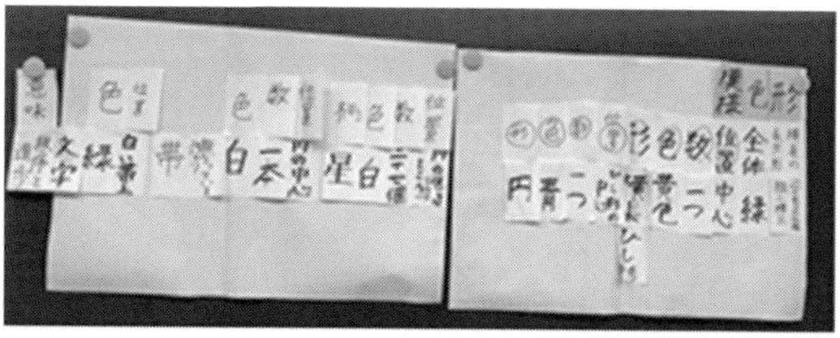

図10　ブラジル連邦共和国国旗　描写の樹形図

以上のように，「描写」は空間配列という秩序だった情報整理の仕方，考え方を鍛え，既知の知識・技能を生かしながら，思考力・表現力等を育んでいくことのできる学習である。仲間と議論をしながらこのような学習を積み上げていくことで，子どもたちは物事の重要性と伝えるべき順序を判断しながら，さまざまな場面での説明に対応できる資質・能力を身に付けていく。

おわりに

ここに紹介した２つの実践によって習得される対話や説明のスキルは，他者と関わり合いながら，今を，そして未来をよりよく生き抜くために不可欠な力である。クリティカル・シンキング，クリティカル・リーディングの力を育む絵やテクストの分析をはじめ，今回ご紹介できなかった物語の創作・要約，作文等の実践においても，「ことば」を通して，論理的・分析的・多角的・批判的に思考を深め，分かりやすい表現を突き詰めていくという点で，目指すべきところは同じである。言語技術科の授業で育まれる資質・能力は，教科を越え，教育活動を越え，今，社会で求められる力そのものであり，今後ますます複雑に多様化していく社会において発揮される大きな力となるであろう。未来を担う子どもたちにとって，力は自信となり，その自信は自己実現やよりよい社会の創造の源となるに違いない。「ことばの力」を鍛える言語技術教育は，スキルの獲得にとどまらず，人が人として豊かに生きるための学びという，非常に重要な役割を担っているのである。

注

⑴ パラグラフ：トピック・センテンス（ＴＳ：主張・意見・結論・述べようとする事柄の予告など），サポーティング・センテンス（ＳＳ：ＴＳを支える定義，事例，根拠，説明などを示す複数の文），コンクルーディング・センテンス（ＣＳ：結文）の３つの部分から構成される文章のまとまりのことである（三森，2013）。

参考文献

梶田叡一責任編集・人間教育研究協議会編『教育フォーラム51　いま求められる言語活動――読む力・書く力を重視して』金子書房，2013

梶田叡一責任編集・日本人間教育学会編『教育フォーラム57　PISA型学力を育てる』金子書房，2016

三森ゆりか『論理的に考える力を引き出す』一声社，2002

三森ゆりか『大学生・社会人のための言語技術教育トレーニング』大修館書店，2013

特集◎PISA型読解力——論理的な認識に導く言葉の力を

言語技術（Language arts）

グローバル社会で日本人が生き抜くための基本技術

三森 ゆりか○さんもり　ゆりか

はじめに

社会の国際化が進む中で英語の重要性が高まり，教育においてもその指導法等の改善について多くの議論がなされる一方で，母語である日本語は放置状態ではないだろうか？　学習指導要領において，論理的思考力や表現力の大切さが提示され，その獲得に「主体的・対話的」な学びが必要とされながら，そのための方法論が具体的に出てこないのが残念ながら日本の母語教育の現状である。

筆者が言語技術を日本語で指導することを思い立ったのは，中学高校の４年間を過ごしたドイツで授業についていけずに苦労したことがきっかけである。その学校は，各国の大使館や新聞記者などの外国人の子弟を受け入れてドイツ人と共に教育する中高一貫校で，欧米言語圏の生徒たちは不十分なドイツ語でも授業についていけたのに対し，そうではない日本人を含むアジア系の生徒たちは苦戦を強いられた。この相違の要因は大きく二つあり，一つは言わずもがな言語の類似性である。欧米の言語はそれぞれが親戚関係にあり，例えばドイツ語と英語の相違の様式を理解できれば推測がしやすくなる。もう一つの要因は，母語教育の方法論の類似性である。後者については，それぞれの言語で母語教育が行われているため盲点となりがちながら，実はこの部分の共通性は非常に大きな意味を持つ。筆者が日本語で言語技術のカリキュラムと教材を開発し，指導をしてみようと思いついたのは，この方法論の共有が西洋言語習得の大きな土台になるに違いないと仮説を立てたからである。

日本人は英語が不得手であり，この事実は国際社会で日本人が世界の人々と共存していく上で大きな欠点となっている。ところがもし，算数や数学と同様，解き方，すなわち考え方や表現方法が共有されれば，日本人にとって英語はもっと身近な言語になるのではないか。このような仮説のもとに言語技術の指導を開始して40年近くになり，その成果は，様々な分野で活躍する教え子たちが証明しつつある。

1　言語技術とは

言語技術はLanguage artsの訳語で，イソクラテス・メソッドに端を発する言語を効果的に使うための体系である。この言葉の技術は，古代ギリシャを出発点とするために，欧米系の言語やギリシャ文化の影響を受けた多くの言語文化圏に多大な影響を与え，そのために現在でも，英語をはじめとする欧米言語は，その母語の教育内容を共有する。またその内容とは，理解の技術（聞く技術と読む技術）と表現の技術（話す技術と書く技術）とに分類され，そこに思考のための技術が絡み合ったものである。これは，幼稚園から高校卒業までの長い期間を使って，それぞれの技術が有機的に積み重なるように指導される体系となっており，その最終目的は，それが汎用的能力として社会で機能することである。

日本においてこの言語技術について言及している最も古い書物は，筆者の知る限り『講座日本語IV　日本人の言語生活』で，その発行は昭和三十年である。父の書棚に長いこと埋もれていたこの書物において，平井昌夫国立国語研究所員が言語技術を次のように定義している。

「言語技術　ゲンゴギジュツ　language arts　ある目的のために言語を効果的に使いこなす技術。人間がコミュニケーションの手段として言語を用いることのできる力を言語能力（language ability）といい，それは，(1)理解・受容する能力（a　聞く能力，b　読む能力），(2)表現・発表する能力（c　話す能力，d　書く能力）というふうに分けられるが，これらのそれぞれの能力を，その場の目的に応じて能率的に使用する技術をいう。この場合の技術（technique）は，単なる手先のわざという意味ではなく，わざを行う主体たる個人の人格（personality）・知識・態度までも含めた総合的な力を指している。したがって，言語技術などということは浅薄な口さきの器用さにすぎないといやしめるのはまちがいであり，言語生活を高めるうえにぜひとも必要なものと考えるべきである。表現・発表する技術のうち，話す技術は特に話術と呼ばれる。」(1)

平井氏は紙面の関係から，「話す技術と聞く技術」に限定して原稿をまとめているが，その二点のみでも言葉を効果的に使いこなすためには，実に様々な「約束や原則や作法や態度」(2)が存在することが明らかである。

2　言語技術の体系——ドイツの例を中心に

言語技術は，欧米言語を用いる国々で，母語教育，そしてそれを土台として指導される外国語教育で実施されている。筆者が視察したドイツ，フランス，スペイン，デンマーク，スイス，イギリス，カナダ，アメリカのいずれの国々でも言語技術は実施されており，その指導内容に大きな差異は存在しない。ただし欧米各国には指導要領のみで，指導内容がまとめられた教科書が存在しない国もあるため，本稿では主に，言語技術の体系についてわかりやすく整理分類され，教科書に落とし込まれているドイツ，しかもその大学進学課程である中高一貫校（ギムナジウム）の母語教育を例として扱う。

教科書類に従ってその母語教育をまとめると，おおよそ「表１　ドイツの母語教育の体系」のようなものとなる。ドイツの場合も日本と同じく，母語教育で指導されるのは言語の４機能，すなわち，「話す，聞く，書く，読む」であり，これらの中心に据えられているのが「考える技術」である。その特徴として言えるのは，平井氏の指摘にもあるように，それぞれの機能を最大限効果的に用いるための技術がしっかりと指導されることである。しかもこれらの技術は，たとえて言えば数学のように積み上げ方式になっている。同教科において，足し算，引き算の知識がなければ掛け算，割り算には進めず，それがなければ方程式には到底至りえないように，言語技術においても，教育の初期段階ではそれぞれの技術が個別に指導され，次第にそれらが統合され，汎用的に機能するように体系立てられている。以下にそれぞれの具体的内容について，「話す・聞く，読む，書く，考える」の順に提示し，そうした授業の質が保障されるクラスの人数と，その教育の汎用性について言及する。

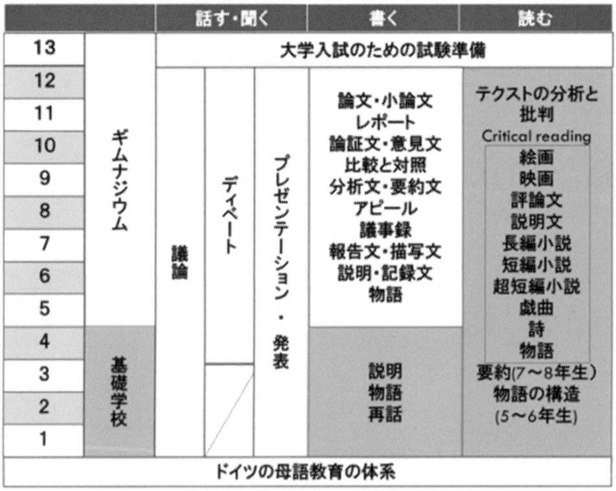

表１　ドイツの母語教育の体系

（1）話す・聞く……………………………………………………………………

「話す・聞く」における「話す」については，小学校（基礎学校）からギムナジウム卒業まで，議論，ディベート，発表，プレゼンテーションなどが指導され，内容を論理的に組み立て，相手を意識した態度と明瞭な発声，適度な声量で発言することが求められる。中でも議論は授業の基本で，成績評価にも「参加率」が加わるため，それに参加できないことは教室内に存在しないに等しい。発言については，自ら挙手をし，教師の指名によって行う。授業では積極的な発言が求められているため，教室が沈黙することはないし，質問に対してはたくさんの手が挙がるのが一般的である。この議論の力を前提にして，開始されるのがディベートの指導で，これは複数の資料にあたり，自らの立場を論証して支持する必要があるため，早くても４年生以降，本格的な開始は中学生の年代である。このディベートの訓練は，資料の読み方の指導なしには成立しないため，中学年代での本格的な分析的・批判的な読みの訓練開始を待つ必要があるからである。一方で，発表やプレゼンテーションの訓練も小学年代から開始され，後者はコンピュータによるパワーポイントの作成とも連携している。

一方で，「聞く」については，議論，ディベートの授業において，「聞く」ことなしに「話す」ことは成立しないため，注意深く，分析的，批判的に他人の言葉を傾聴するよう指導され，さらにこの部分は「読み」の指導とも深く連携している。

（2）読む……………………………………………………………………………

「読む」については，分析的・批判的な読み，すなわちクリティカル・リーディングが，園児段階の絵本の読み聞かせから開始される。読みの対象は，物語から評論文，絵画（写真），映画までと幅広く，教科書に掲載された文章に追加して，年間３～５冊程度の本が丸ごと一冊（丸本）扱われるのが一般的である。

読みの分量について言えば，例えばドイツのバイエルン州の場合，教科書を丸ごと一冊用いた上でさらに丸本を使用することになっているため，生徒が年間に読むべき分量は大量である。５年生の教科書を例に取ると，厚さは1.5㎝ほどあり，しかも中身はCentury 10.5 point程度の書体でびっしりと埋め尽くされている。もちろん図や表もたくさん掲載されてはいるものの，日本の５年生の教科書の書体に合わせて翻訳すれば，教科書の厚さは恐らく５㎝くらいにもなるであろう。その分量の多さは，日本の小学５年生が学校で年間に読む量と比較にすらならない。

また，言語技術を指導する国々では，教養の源として文学が非常に重視されており，多くの物語・超短編小説・短編小説・長編小説・戯曲・詩などが扱われる。使用されるのは，主に自国の文学作品で，これらについてはその構造（物語の構造）が指導され，さらに議論を通して，分析的，批判的にクリティカル・リーディングを行う。ちなみに，中学の後半から高校段階では，英語など外国語の授業でも同様の手法を用いて作品を読むことになり，例えばドイツでは，シェークスピアの作品などは英語の時間に扱われる。その上言語技術の実施国で特徴的なのは，戯曲の扱いが多いことで，とりわけ英国では，「Drama」という形で実際に演じるところまでが授業の中で実施されている。さらに詩については，形式分析，内容分析などを経て暗唱まで至るのが一般的である。西洋の映画などで，登場人物たちがしばしば詩の暗唱を行う場面があるが，これは実は教育の成果が反映されたものである。

ここまで述べてきた分析的，批判的，つまり論理的に読む行為については，対象が文学作品の場合，そのような手法を用いて読むことにより，実は人間の深い心の機微や情緒に触れることになる。なぜなら，作品の中心にいるのは人間であり，クリティカル・リーディングをすることにより，その登場人物たちの関係や心に深く立ち入ることになるからである。

学校では丸ごと一冊本を扱うために，出版社が教育現場と連携しており，例えば新しく出版されたヤングアダルト書籍などの見本が教材案と共に学校に提供され，教師たちの判断で授業に持ち込まれるシステムが出来上がっている。教員たちは，自国の古典的作品や名作を重視しながらも，新たに出版された優れた作品を積極的に導入している。例えば，Die Wolke（邦訳：見えない雲，グードルン・パウゼヴァング著）は，チェルノブイリ原発事故後の1987年に出版された書籍であり，これは広く学校での授業に持ち込まれ，同書の出版社はその教材も作成している。ちなみに同作品は2006年に映画化され，これを原作との比較対象として授業に用いられることもある。

もう一つドイツの母語教育において重要なのが，絵画を読み取る行為である。これについては，絵の描写（Bildbeschreibung），絵の観察／絵の分析（Bildbetrachtung/Bildanalyse），絵の（専門的）鑑賞（Bilddeutung）などに分類され，それらは作文の記述方法までを含めて方法論として確立している。

（3）書く

「書く」については，表1で明らかなように様々な種類の文章が「技術」として指導され，高校卒業時の目標は，小論文は当然のこと，さらに上の論文記述に置かれている。作文のカリキュラムは，物語・説明・描写・報告・記録・アピール，論証・分析などの文章の書き方がまずは個別に指導され，最終的にはそれらが統合され，様々な種類の小論文（物語型・描写型・分析型・論証型・比較対照型・原因と結果型など）や論文を自在に記述できるように指導がなされるよう体系立てられている。

記述においてもう一つ重視されているのが，創造的に書くことで，これは読みの授業で指導される「物語の構造」を用いて創作文を書くこともあれば，絵を分析的に読み，それについて物語を創作することもある。あるいは，大量に詩を扱うため，学習した形式を用いて詩の創作をすることもある。

さらに作文は「読む」ことと深く連携している。教育現場には基本的に穴埋めや選択問題がないため，例えば，小説や詩について議論を経て深く考察したのちは，何らかの課題が与えられ，それに対して自分の考えを示し，証拠を挙げつつ論証しなければならない。例えば，「物語の構造と太陽の位置は，シラーの物語詩『人質』にどのような効果をもたらしているか？」と問われれば，詩を論理的，分析的，構造的に読解したうえで，問われた内容について，本文から引用しながら自らの考えを論証する必要があり，そのためには小論文と分析文の形式と記述方法についての十分な知識と技術とが必要となる。

もう一つ「読む」ことと深く連動するのが要約文である。この作業は，７，８年生で物語系の文章を対象として徹底的に実施される。日本での要約の対象は説明的な文章が一般的だが，これらの文章はそもそもパラグラフ形式で記述されているため，要点が各要所でまとめられている。一方で物語は構造に則ってはいるものの要点はまとめられていないため，その要約の方が実は難しい。その対象となるのは短い物語のみならず，例えばエンデの『モモ』のように300頁にも及ぶ作品であり，それをＡ４一枚程度にまとめる技術が要求される。

この読み書き連動の訓練は，読みにおいて複雑な文章のクリティカル・リーディングが本格化する前に徹底的に実施される。なぜなら，構造的に読み取り，まとめる力がないと，全体を論理的，分析的，批判的に考察することはできないからである。この訓練は，実は小学校段階で実施される「再話」と深く関わる。これは耳で聴き取った物語を自分の言葉で再構成するもので，要点の聞き取りの訓練が連続型テクストにおける要点の拾い上げに繋がるのである。

この「書く」指導においてまた極めて重要なのが添削で，そのために必要な時間と質とが，言語技術実施国では担保されている。前者の時間については，記述量の多い母語教育などを担当する教師は家庭での添削が認められており，その部分までも含めて給与が支払われているという。一方，後者の質については，自身も大量の添削指導を受けて育った教師たちが，今度は自ら生徒たちの添削にあたることになる。むろん添削には評価基準があるものの，それだけで添削ができるわけではない。教師自身が大量に書き，添削され，修正し，作文を仕上げてきた繰り返しの経験が，言語技術教育には不可欠なのである。

（４）考える……………………………………………………………………

「考える」については，論理的，分析的，批判的に思考するクリティカル・シンキングと，柔軟に感受性豊かに考察することとが求められる。一見相反する思考作業のように見えるが，前者と後者の相違は，前者が，直感や本能に頼らず，問題を理路整然と分析しつつ解決することを求められるのに対し，後者は直感や本能的な感覚に依拠した考え方が認められるという点である。ただ，小説や詩の分析を英語でクリティカル・リーディングと呼ぶことからも明らかなように，それらも単に感覚的に感じて味わうのではなく，論理的，分析的，批判的に考える作業を通して，最終的に深い情緒的理解にも到達することを目指す。

（5）授業の質を担保するための一クラスの人数……………………………

活発な議論の場を設け，課題の作文を丁寧に添削するためには，一クラスの人数が重要となる。ドイツの例で言えば，基礎学校（小学校）の一クラスの人数は30名弱程度，中高一貫校では25名未満，そして筆者の経験では，よりアカデミックな教育内容となる11年生（高校２年生）でさらに一クラスが増加され，クラスの人数は15名程度となった。これは筆者が視察してきた限り，いずれの国でも似たような状況で，とりわけ高校生のクラスは20名未満，選択科目では10名未満という学校が多かった。

実際に日本で言語技術の授業を実施する場合，一般的なクラス人数である40名で活発な議論を実施するのはほとんど不可能である。人数が多いと発言者に偏りが発生する上，議論への参加度合いを確認するのが難しく，また一人一人を丁寧に指導するのも困難である。その点，言語技術の実践例を紹介した渡部氏（本書p.70参照）の所属する聖ウルスラ学院英智小・中学校は一クラスの人数が少なく，話し合いを中心とした授業を実施する上で理想的な人数である。

（6）母語教育の汎用性…………………………………………………………

母語における言語技術教育が目指すのは，言葉の訓練を通して培った力を汎用的能力として他教科，ひいては社会生活で活用することである。教育現場に限定して言えば，例えば教科「歴史」は言語技術なしには成立しない。筆者が経験した11年生（高校２年生）の試験は，「独ソ不可侵条約におけるドイツのメリットとデメリットを考察せよ」というもので，持ち込み許可の教材『ナチスドキュメント—1933-1945年』[3]の必要箇所を引用しながら自らの考えを論証するというものだった。このような課題に対応するための記述方法や資料の読み方については，歴史の授業で特に教えられるわけではなく，ドイツ語の授業で指導された技術を応用することが求められていた。むろん，こうした高度な課題が突然試験に出されるわけではなく，毎回の授業において関連する事柄について様々な資料が課題として出され，それらをクリティカル・リーディングしながら論理的，分析的，批判的に議論することが求められていた。

3　PISA型読解力問題との関係

今回の本誌の特集である「PISA型読解力」に絞っていえば，それはまさに言語技術と言わざるを得ない。そこでは連続型のテクストを分析的，論理的に読み取って理解し，それに係る課題に対して，文章形式での論理的な解答が求められているからである。こうした問題に対処するには，基本的なクリティカル・リーディングの知識と技術が不可欠だし，また考察結果を文章化するにもパラグラフ（トピック・センテンス：主張／サポーティング・センテンス：支持文＝トピック・センテンスを支える複数の文／コンクルーディング・センテンス：結文）形式についての知識と技術が必須である。

そもそもこのPISA型読解力問題はフランスのパリに拠点を置く国際機関OECD（経済協力開発機構）で作成されたものであり，その公用語は英語とフランス語で，参加37か国の中で言語技術の未実施国は日本と韓国くらいである。このような状況の中で作成される問題は，当然言語技術の影響を多大に受けたものになるはずである。最初に言及したように，言語技術は欧米言語圏における言語教育の共通の基盤となっており，それはそこで教育を受けた人々の考え方や表現方法が共有されていることを意味するからである。

おわりに

言語技術という概念は，「技術」という訳語が使用されたために，平井氏も指摘するように，日本では「単なる手先のわざ」[4]として捉えられることが多く，技術は心を育てないという批判に晒されている。しかしながら，それは単なる翻訳用語に過ぎない。本来の意味合いとしては言葉の技芸に近く，あらゆる芸能と同じく，種々の技術を積み上げた上に汎用性をもって機能する，言葉を用いて生活するうえで不可欠の技能である。論理も分析も批判も情緒も，それ一つ一つを取り出して指導するのではなく，日本語に最適な体系を考案し，それに沿った指導法と教材が一日も早く作成されること，それがこの国際化に直面した日本の母語教育にとって今や不可欠である。

注

(1) 平井昌夫「言語技術のプリンシプルとタイプ」上甲幹一編，金田一京助・土岐善麿・西尾実監修『講座日本語IV　日本人の言語生活』大月書店，1955，pp.213-214

(2) (1)に同じ，p.76

(3) ワルター・ホーファー著，救仁郷繁訳『ナチス・ドキュメント―1933-1945年』ぺりかん双書，1969（Walther Hofer, Der Nationalsozialismus. Dokumente 1933-1945, Fischer Taschenbuch, 1957）

(4) (1)に同じ

特集◎PISA型読解力――論理的な認識に導く言葉の力を

「読解力」という語をめぐって

世代差・文化差を超えて問い直す場を

永田 里美○ながた さとみ

はじめに――「読解力」の定義なきままに

経済協力開発機構（OECD）によって実施された2018年OECD生徒の学習到達度調査（以下PISA（ピザ）と称す）の結果が2019年12月に公表された。これを受けて，全国紙では次のような見出しでニュースを報じている（各紙ともに2019年12月3日付[1]）。

「日本の15歳，自由記述苦手？ 国際調査で読解力低下」　（朝日デジタル）

「『読解力』15位に急降下，「数学」「科学」トップレベル維持…PISA」（読売新聞オンライン）

「日本の15歳，読解力が15位に急落　国際学習到達度調査」（デジタル毎日）

いずれも「読解力の低下」が叫ばれている。しかし，PISAの「読解力」がどのような力を問うているのかについて，その定義を説明したものは見当たらない。後述するように我が国において「読解」とは筆者の考えや主題を正確に読み解くという意味で解釈されることが多い。そのためPISAの「読解力」において，この解釈を当ててしまった場合，大きな齟齬を生ずることとなる。

本稿は，筆者が教育の現場で経験した「読解力」観，ひいては「国語力」観を交えながら，この「読解力」という語をめぐる課題や「読む」行為の多面的，多重的内容について述べていくものである。

1 「読解力」という語が想起するもの——新入生のアンケートから

国語科において「読解」という語は1958（昭和33）年の中学校学習指導要領における国語の目標２に次のように現れている[(2)]。

２．経験を広め，知識を求め，教養を高めるために，話を確実に聞き取り，文章を正確に読解し，あわせてこれを鑑賞する態度や技能を身につけさせる。（傍線部は筆者による）

以降，国語の授業においては，長きにわたって「正確に読解する（読み取る）」ための授業が行われてきた。現在の学習指導要領では「主題」という語は消えているとはいえ，国語の授業における作業は，この「正確」に表されるように一つの答え，主題を見つけることに偏りがちであったと言っても過言ではないと思われる。しかしPISAで問われる「読解力」とは

自らの目標を達成し，自らの知識と可能性を発展させ，社会に参加するために，テキストを理解し，利用し，評価し，熟考し，これに取り組むこと。（国立教育政策研究所，2019，p.70）

と定義されるように，その内容は，これまでの国語教育の中で使用されてきた「読解」に比べてはるかに広い。そこで国語教育においてはPISAの「読解力」を「PISA型読解力」と称するものの，社会的には「読解力」で通される場合が多い。

実際のところ，PISAの「読解力低下」というニュースを知ってはいるものの，その「読解力」の中身については周知されていないことを示すのは，以下のデータである。ここに示すのは，2020年度入学の大学１年生[(3)]30名（男子学

生17名，女子学生13名）が回答したアンケート調査の結果である。回答者30名のうち 27名（90％）は PISA における「読解力低下」について聞いたことがあると答えた。しかしながら，「読解力」とはどのような力かという問いへの回答（自由記述）を KH Coder[(4)]によって分析を行ったところ，以下の図１が示すように，頻出語句10位内に「理解」，「読む」，「読み取る」，「正確」，「正しい」という語が認められた。つまり，これらが示すのは，先に引用した 1958（昭和33）年の中学校学習指導要領における国語の目標２の「正しく読解」することが根強く彼らの「読解」に関わる具体的経験として刻まれているということである。

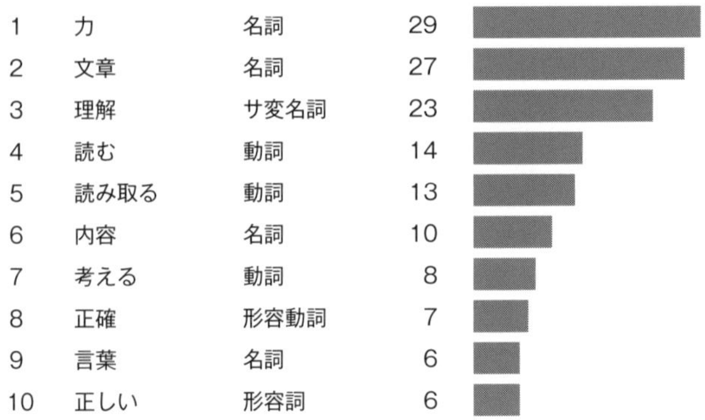

図１　KH Coder（樋口，2020）による頻出語句の抽出結果

２「読解力」という語が具体的に内包するもの

PISA において問われる具体的な力については本書の別稿で扱われているため，詳細は割愛するが，PISA における読みの対象と学力観の特徴を大きく捉えると，⑴図表など非連続型テキストも読む，⑵複数の情報を比べて推論する，⑶用途，状況に応じて表現する，⑷自らの知識や経験に関連付けて評価すること，となり，単なる文章理解（読み取り）にはとどまっていない。2008・2009（平成20・21）年告示および 2017・2018（平成29・30）年告示の学習指導要領

は，このPISA型読解力と親和性の高いものであるが，「読解力」という語が用いられていないことは注意を要する。2017・2018（平成29・30）年告示の学習指導要領における国語科では，①知識及び技能　②思考力・判断力・表現力等　③学びに向かう力，人間性等を大きな柱とする。そして「読むこと」の範囲において，後述する「これからの時代に求められる国語力（平成16年文化審議会答申）」をふまえつつ，上記のPISA型読解力に特徴的な要素(1)～(4)が組み込まれている。しかし，教育現場の教員には，この内容の詳細についてじっくりと読み解く時間が与えられていないというのが現状である。したがって教員間の指導方法に齟齬が生じている問題も見受けられる。例えば，筆者は2019年の暮れに，ある高等学校の教諭から次のような質問を受けた。

「新しい教育課程では従来の読み取り中心という授業スタイルが批判されているようだが，それの何が悪いのでしょうか。例えば，ある講師は詩の授業をした際に，その総括として詩が表すものをイラストにしていました。それが果たして国語の授業と言えるのでしょうか。」

というものである。おそらく，「ある講師」はイラストを表現手段として選びとったのであろう。そこにどのような「言葉による見方，考え方」の指導がなされていたのかは不明であるが，その授業においては読み取った内容を，自らの知識や経験に関連づけるというプロセスが重視されていたものと考えられる。そのように考えると，ある講師の授業も国語の授業として成立すると考える。また，ここに挙げた教諭の読み取り中心の授業スタイルも否定されるものではない。ただ，注意したいのは，それで十全というわけではないということである。読み取り中心のスタイルもイラストによる表現も「読解力」を育む方策の一つに過ぎない。このことはまた，2017・2018（平成29・30）年告示学習指導要領における「読むこと」の一範囲でしかない，と言い換えることもできる。

そもそもPISAの「読解力」はReading Literacyを翻訳したものである。国立教育政策研究所は，当初，これを「読解リテラシー（読解力）」と訳していたが，現在では「読解力」で通している。しかし，このように「読解」という語が想起させる内容は個々によって異なるという問題を抱えている。むしろ，一般的には「読解力」や「読むこと」の内容として，PISA型の要素を把握している者の方が少ないと思われる。ちなみに，同調査における Mathematical Literacy，Scientific Literacy は国立教育政策研究所によれば「数学的リテラシー」，「科学的リテラシー」と訳されている。この「リテラシー」について，先述の全国紙においては「応用力」（読売新聞オンライン，デジタル毎日）と訳されている。これらのことをふまえて「読解力」という訳語については再考を促したい。

3 「これからの時代に求められる国語力」をふまえた「読むこと」

PISA における「読解力の低下」を受けて，次のような記事も目に入った。

> 「社会が失う国語力　過度な情報化と競争，数値追う教育改悪，本当の読解力どこへ」（朝日新聞2019年12月28日付「オピニオン＆フォーラム」p.13）

この記事における教育政策への批判を吟味することは別稿に譲るとして，ここでは見出しに着目したい。まず「本当の読解力」というものが果たして規定できるのか，一考を要する。「読解力」を含めた「国語力」という学力観は，歴史的経緯からみても，その時代の社会状況と無関係に存在することは難しい(5)。仮に社会が失う「国語力」があるかのように見えても，新たな「国語力」が生まれている可能性は看過できない。「読解力」の規定には，個人が重要と感じる「読解力」と社会が必要とする「読解力」という２つの観点が必要ではないかと考える。

「国語力」観の様相を知る一例として，2002（平成14）年に実施された「国語に関する世論調査」（文化庁）の「日本人の国語力についての課題」が参考になる。そこでは「国語力」観の世代差が見受けられる（p.28）一方で，社会全般として求められているものには，ある程度の共通性を見出すことができる（p.23）。例えば，世代差については「あなたは，社会生活を送っていく上でどのような言葉にかかわる知識や能力などがこれからの時代に必要か」という問い[6]に対して，16〜19歳では「敬語等の知識」が，20代，40代，50代では「説明したり，発表したりする能力」，30代では「言葉で人間関係を形成しようとする意欲」，60歳以上では「漢字や仮名遣い等の文字や表記の知識」が上位に挙がっている。これらから個々の生きる社会的背景によって重視する「国語力」観がそれぞれに存在していることがわかる。一方，社会全般としての共通認識については「日本人の国語力について，社会全般においてどのような点に課題があるか」という問いに対して，次のような５項目が上位に挙がっている（複数回答)。１位…考えをまとめ文章を構成する能力（36.0％)，２位…敬語等の知識（35.3％)，３位…説明したり発表したりする能力（33.1％)，４位…漢字や仮名遣い等の文字や表記の知識（29.0％)，５位…論理的に考える能力（18.3％）である。１位に浮上した「書くこと」については，すでにPISA実施以前に教育課程実施状況調査において国語科の弱点として指摘されていたことである。2003年実施のいわゆるPISAショックよりも前に，社会全般の認識として「書くこと」が課題として捉えられていたことは興味深い。

この世論調査を一参考資料として2004（平成16）年には文化審議会による「これからの時代に求められる国語力について（答申)」が公示されている。そこでは学校の〈国語教育で育てる大切な能力〉として，

「情緒力」，「論理的思考力」，「思考そのものを支えていく語彙力」

を挙げている（p.15)。これらの内容を包括する「国語力」はその後，「言語力」，「言語能力」という語を経ながら，2008・2009（平成20・21）年告示および2017・2018（平成29・30）年告示の学習指導要領の国語科の内容や，全教科における言語活動の充実に収束されている。なお，2018（平成30）年告示学習指導要領の高等学校国語科における新科目『現代の国語』，『論理国語』は，上記の社会全般の共通認識として挙げられた上位５項目のうちの３項目「書くこと」（１位)，「説明したり発表したりすること」（３位)，「論理的な思考」（５位）を大きく反映している。この２科目は，ときに文学教育の立場から批判される向きもあるが，それは視野が狭いと言わざるを得ない[7]。2017・2018（平成29・30）年告示の学習指導要領の内容はPISA型読解力（やそれにまつ

わる競争意識）に関連付けて論じられがちだが，こうした教育課程実施状況調査や世論調査の結果，「これからの時代に求められる国語力」を十分に反映していること，また，国語科の「読むこと」の内容には先に挙げた「情緒力」というこれまでの国語教育で育成されてきた能力も包括していることは留意しておきたい。

4　社会の情勢と学力観

この社会を生きていく上で，おそらく「読解」，「国語」に関わらない者はいないであろう。それゆえに「読解力」，「国語力」観は，ともすると個人の成功体験によって語られる傾向にある。かく言う筆者も高等学校で国語教諭として勤めていた頃は，ある時期まで個人的な経験に委ねられた教育観に基づいて授業を行っていた。その個人の「読解力」観は否定されるものではないと考えるが，しかし，あらためて「読解力」を含めた「国語力」観は時代や国際状況と無関係ではありえず，社会の情勢とともに変化するという柔軟性を心に留めておきたい。先に述べた「個」と「社会」の２視点である。それはすでに小川（2010）が，

> 世界の国々にはそれぞれ独自の教育制度や問題状況が存在する。しかし，教育の目的は国家という共同体の形成者を育成することと個人の能力の育成という大きな二つの柱にあることは共通している。（p.89）

と述べている内容に沿うこととなる。小川（2010）は「学力には時代の要請に応える内容が常に求められる現実がある」（p.91）と指摘する。この共同体として育むべき「国語力」観を捉える上で示唆的なのは足立（2010）である。そこでは海外の政府関連機関による国内の国語学力調査の検討を目的とし，イギリス，アメリカ，オーストラリア，スペインにおける10種の国語学力調査を取り上げている。そのうち「読むこと」の領域においては，各国もしくは州が取り扱うテクストに個性が見られるとしながらも，それらの理論的枠組として「驚くべきことは，その類似性」（p.152）が存在することを指摘している。具

体的には，

・全般的な理解を形作る

・明示的な情報を取り出す

・テクスト内の複数の情報を手掛かりに推論・解釈を試みる

・自分の考えとテクスト上の情報を統合する

・テクストの内容や形式を評価したり吟味したり批判したりする（p.152）

が指針になっているとする。何を読ませるかというのは国や州によって異なるものの，どのような「読解力」を育むかという方向性が共通しているということである。これは社会情勢が均質的になっている，いわばグローバル化を反映したものであろう。そのほか，オーストラリアでは「見ること」も国語学力調査の一領域をなしていることが着目される。視覚材料を「読み取る」ことも「国語力」であるとすれば，「読む」行為としての「読解力」はさらに多面的，多重的なものであると捉えることができる。「読解力」の包括する内容を把握する上で新たな視点を与えている。

おわりに――社会で，そして個人として生きていくための読解力

教育には，先に引用したように「個人の能力の育成」と「共同体の形成者を育成する」という２つの柱が存在する。「個」，「社会」という２つの側面を「読解力」という言葉に沿って考えると，個人が個々の人生を生きていくために必要とする「読む」行為と，個人がその社会で生きていくために必要とする「読む」行為が存在することになる。それはPISAの「読解力」の定義における「自らの目標を達成し，自らの知識と可能性を発展させ」，「社会に参加するために」に相応するであろうし，学習指導要領でいえば，各教科の目標を支える３つめの柱「学びに向かう力，人間性等」であり，大きくは1996（平成８）年に告示されて以来，学習指導要領に掲げられ続けている「生きる力」に通底するものである。

PISAの「読解力」が問題になったとき，ともすると言語技能的な側面に

目を向けがちであることに警鐘を鳴らすのは永田麻詠である。永田（2011）はOECDが示すキー・コンピテンシーを詳察した上で，「読解リテラシー」に「私たちが『エンパワーする能力を構築する基盤』を構成するもの」（p.61）を見出している。そして，

> 日本では，これまでのPISA調査における読解力低下が大きく取り上げられたことで，PISA調査問題に対応できる「PISA型読解力」を育てるべく，キー・コンピテンシーの概念とは切り離された形で読解リテラシーをとらえようとする向きがあった。（p.61）

と指摘する。本稿では「読解力」の中における「読む」行為，そして指導要領の「読むこと」の内容にふれてきたが，「読解力」とはつまるところ，多面的，多重的な「読む」行為を通して育まれる「生きる」ための「力」の一つであるということを最後に記しておきたい。

「読解力」の育成において「個」と「社会」，そして「生きていくこと」を考えることは当たり前のように思えるが，実際の教員の生活では，こうしたことを意識する機会が与えられないまま，日々の授業に追われることが多い。筆者自身も社会で生きていくために必要とする「読む」行為が目前の入試対策に縛られていた時期があった。また日々の教員生活は多忙であり，教員間で個々の「読解力」観について語らう場もなかったと記憶している。

「読解力の低下」が叫ばれる今こそ，それぞれの教員が大切にしている「読解力」とは何か，また，子どもたちがこれからの社会で生きていくために育成したい「読解力」とは何か，その「読む」行為の中身，そしてその行為を通してどのような力が育まれるのかということを，世代差や文化差を超えて，つぶさに問うてみる良い機会なのではないかと考える。

（付記）稿をなした後，犬塚美輪著『生きる力を身につける 14歳からの読解力教室』（2020年４月，笠間書院）が上梓されていることを知った。「読む」行為が心理プロセスに基づき多面的に捉えられ，「分かる（読める）」とはどういうことなのか，会話形式でわかりやすく書き記されてあり，示唆的である。

注

(1) 朝日新聞デジタルhttps://digital.asahi.com/articles/ASMD343J9MD3UTIL012.html，読売新聞オンラインhttps://www.yomiuri.co.jp/kyouiku/kyouiku/news/20191203-OYT1T50212，デジタル毎日https://mainichi.jp/articles/20191203/k00/00m/040/132000c（いずれも2020年4月24日確認）

(2) 髙木，2015，p.12による。

(3) 筆者の本務校である明星大学教育学部国語コースにて開講される「日本語表現法」の受講者37名を対象とし，アンケートの学術目的を前提とした上で調査を行った。

(4) 樋口（2020）による，テキスト型（文章型）データを統計的に分析するためのソフトウエア。

(5) 桝井英人『「国語力」観の変遷－戦後国語教育を通して』溪水社，2006に詳しい。

(6) 以下の回答項目から３つまで選択できる。「考えをまとめ文章を構成する能力」「敬語等の知識」「説明したり発表したりする能力」「漢字や仮名遣い等の文字や表記の知識」「論理的に考える能力」「語句や慣用句等の知識」「日本の伝統的な文化やものの見方」「分析して要点をつかむ能力」「言葉で人間関係を形成しようとする意欲」「相手や場面を認識する能力」「課題になる点・必要なものは特にない」「その他」「分からない」。

(7) 筆者が目を通したものとして『季刊文科』2019年夏季号「特集国語教育から文学が消える」，『中央公論』2019年12月号「国語の大論争――『論理国語』と大学入試」など。なお新科目の扱いに関しては永田（2019）で私見を述べている。

参考文献

足立幸子「第４章第２節国語学力調査の比較研究」全国大学国語教育学会編『国語学力調査の意義と問題』明治図書出版，2010

文化庁文化部国語課『平成14年度国語に関する世論調査　日本人の国語力』文化庁，2003

樋口耕一『社会調査のための計量テキスト分析――内容分析の継承と発展を目指して　第２版』ナカニシヤ出版，2020

国立教育政策研究所編『生きるための知識と技能７――OECD生徒の学習到達度調査（PISA）2018年調査国際結果報告書』明石書店，2019

文部科学省「これからの時代に求められる国語力について」
https://www.mext.go.jp/b_menu/shingi/bunka/toushin/04020301/015.pdf（2020年4月24日確認）

永田麻詠「エンパワメントとしての読解力に関する考察――キー・コンピテンシーの概念を手がかりに」『国語科教育』70，2011
永田里美「高等学校国語科新科目の扱い――探究を見据えて」『教育PRO』第49巻28号，2019，ERP
小川雅子「第２章第４節歴史的経緯と国際的状況から見えてくる問題」全国大学国語教育学会編『国語学力調査の意義と問題』明治図書出版，2010
髙木展郎『変わる学力，変える授業。』三省堂，2015

特集◎PISA型読解力――論理的な認識に導く言葉の力を

音楽から何を読み解くのか

多角的な視点と楽曲分析によるアプローチ

山口 聖代○やまぐち まさよ

はじめに

音楽においても「読み解く力」が必要である。なぜなら，音楽にも深い理解や解釈を進めていくことにより得られる見方・考え方があり，自分の意見を論じ，得たものを活用することができるからである。

楽曲を聴き進めたり演奏したりする行為は，作曲者の手法により，あるいは歴史や文化の産物により，理論的に構築され，思いや意図をもって表現された音情報に向き合うということを意味する。音楽を無意識的に単なる音としてやり過ごすことは容易であるが，意識的に音情報を解釈し，熟考し，それらを手がかりに音楽と関わることによって，ただの音でしかなかった現象に質的変化が生じる。このことを私たちは「音楽を深める」「音楽を味わう」という言葉で表現しているのであろう。この姿は音楽教育においても目指すべき姿であることから，本稿では音楽における「読み解く力」について考えていく。

1　多角的な視点から見る音楽

音楽においては「音」が読み解く対象の素材となるが，音以外の視点もまた音楽と密接に関わっている。まずは，「音楽から何を読み解くか」について考えるにあたり，そもそも音楽という分野が様々な側面から発展してきた分野であることに触れ，多角的な見方・考え方を持つことができることを確認しておきたい。

（1）理論的・形式的な視点……………………………………………………

この視点は，「音楽がどのように構成されているか」に関する見方・考え方であり，学習指導要領の［共通事項］にも示される「音楽を形づくっている要素」はこれに該当する。小学校学習指導要領から引用すると，「ア．音楽を特徴付けている要素（音色，リズム，速度，旋律，強弱，音の重なり，和音の響き，音階，調，拍，フレーズなど)」や「イ．音楽の仕組み（反復，呼びかけとこたえ，変化，音楽の縦と横の関係など)」を指し，専門分野では楽典や音楽理論とも呼ばれる。

例えば，西洋音楽における「音階」については古代ギリシアの時代にまで歴史を遡ることができる。数学者ピタゴラスは８度・５度・４度の協和する音程が単純な周波数比で成り立っていることを発見し，これによって発明された「ピタゴラス音階」は，現代の西洋音楽を発展させた音楽理論の礎となっている。また，これを活用して音を重ねると合成された音の波形により「和音の響き」を感じ，さらに「拍」「リズム」なども非常に数学的であることから，音楽の成り立ちは非常に理論的であることがわかる。さらに，形式的な美しさを意識して作曲される技法もある。これら音楽を構成する諸要素によって楽曲のイメージや雰囲気が演出されるため，次に示す（２）の感覚的・内容的な視点とも深く結びついている。

（2）感覚的・内容的な視点……………………………………………………………

この視点は，「音楽からどのようなイメージをもつか」に関する見方・考え方であり，指導要領においてはこれを「曲想」と呼ぶ。「思いや意図」をもって表現をするという文言もこれに該当する。音楽教育では，この「曲想」や「思いや意図」と「音楽の構造などとの関わり」について理解することが必要であると記されている。感性を働かせて感じ取ったり，想いを表現したりすることは音楽活動ならではの醍醐味があり，音楽の楽しみでもある。

また，歌詞を伴う楽曲は言葉と音が深く結びついているため，詩の内容から音楽を想像することで，より一層，音楽の良さを感じ取ったり音楽の理解を深めたりすることができる。言葉や文学作品もまた，音楽の発展に大きく影響を与えており，詩を読み解くことで音楽の理解を深めることもできる。

（3）文化的・歴史的な視点，楽曲の背景……………………………………………

この視点は，「音楽が生まれた背景には何があるか」に関する見方・考え方であり，世界各国の文化や音楽史を理解することによって，音楽の理解をさらに深めることができる。また，時には作曲者自身の人生の背景や当時の時代背景も音楽の成り立ちを理解する上で鍵となることがある。

古くは音楽という単語が歌や楽器だけでなく，踊り・宴・儀式・祭事・宗教など現代よりも広い意味を持っていた。ある時はコミュニケーションするためのツールであり，ある時は政治的な意味合いを持ち，またある時は霊的なものと通じる手段として活用されていた。特に音楽教育においては，世界の音楽や日本の音楽に触れることによって他国や自国の文化や伝統を学ぶことができるため，文化伝承の意義は大きい。また，各地の民謡，わらべうた，労働歌，反戦歌など，時代ごとの人々の暮らしや想いを次世代に受け継ぐこともできる。

（4）音楽的技能………………………………………………………………………

この視点は，「音楽をどのように工夫して表現するか」に関する見方・考え方であり，「思いや意図」をもった表現をするために必要となる技能のことである。指導要領においては，歌唱や器楽における演奏技能や，音楽づくりの活動における即興的に表現する技能などがこれに該当し，習得した知識や技能を活かして表現を創意工夫することができる。

楽器や歌唱の演奏技能の習得だけがピックアップされがちであるが，身体表現によって感じた音を表現することや，即興的な音のやり取りに反応して表現すること，身の回りにあるものを使った表現方法の工夫なども考えられる。現代音楽では，紙を使った作品，水を使った作品などその表現方法は多岐にわたる。

このように，歴史的に見ても音楽が幅広い分野と関わっており，多角的な見方・考え方ができることがわかる。音楽教育においては，いずれも年齢や発達に応じた内容を考慮することが必要であるが，いくつもの視点を持って読み解いていくことは音楽の魅力に多角的に迫り，より深く理解することに繋がる。また，音楽理論に関する内容は理数科，自国や他国の文化に関する内容は社会科，身体表現を伴う内容は体育科，歌詞を伴う内容は国語科，また絵画やバレエなど他の芸術分野とも深く結びついていることから，音楽は他教科と結びつけて学ぶこともできる。

次に，以上のような視点を踏まえ，実際に多角的な読み解きを実践した楽曲分析の授業をもとに，「音楽を読み解く」ということについて考えていく。

2　実践授業：《エリーゼのために》の楽曲分析によるアプローチ

本授業は，ベートーヴェン作曲の《エリーゼのために》を教材とし，鑑賞しながら楽曲分析を行ったものである。対象は教員養成課程の学生であり，分析を進めながら音楽を読み解くことにより，教材研究の礎となる音楽の見方・考え方を身に付けることを目的とした。この作品は学生にとっても知名度が高く，３分程度の短い小品のため楽曲分析の教材にも適していると考えた。

授業の内容は，最初に曲全体を通して鑑賞し，次にこの曲が「ロンド形式」（異なる旋律を挟みながら，同じ主題の旋律を何度も繰り返す形式）で構成されることを学習し，理解した上で場面ごとにより細やかに分析していくという流れで行った。さらに，楽曲が生み出されたベートーヴェンの人生の背景を学び，その上でそれぞれの場面がどのような心情を表現しているのかを感じ取っていく。それらの曲想が音楽を形づくっている理論的な要素から構成されていることを学習し，全体を通して多角的に音楽の理解を深めていくことがねらいである。

（1）楽曲の背景

《エリーゼのために》は，ドイツの作曲家ルートヴィヒ・ヴァン・ベートーヴェン（1770頃～1827年）が作曲したピアノのための作品である。ベートーヴェンと言えば，1802年に書かれた「ハイリゲンシュタットの遺書」（甥と弟に宛てて書いた手紙，難聴の危機を乗り越え，作曲家としての使命を全うする決意を表したもの）でも知られるように，苦難を乗り越えて名曲を残した作曲家として有名であるが，《エリーゼのために》はその後の1810年に恋心を抱いたテレーゼ・マルファッティのために書かれたと考えられている。この前にも大きな失恋をしていたベートーヴェンは，テレーゼに求婚までしていたが，結果的にはまたしても恋は実らずに終わってしまう。このような時に書かれた曲であることから，この楽曲の冒頭の「ミレ♯ミレ♯……」と始まる特徴的な旋律は，「ざわめき」とも「すすり泣き」とも表される。このような背景をもとに音楽を鑑賞すると，ベートーヴェンの人間性に想像を巡らし，音楽の持つイメージを膨らませながら聴き進めることができる。

（2）楽曲分析

楽曲の形式は「ロンド形式」であり，A－B－A－C－Aで構成されている。学生は1～2回楽曲全体を鑑賞する中で形式とベートーヴェンの人生の背景について学習し，その後でA，B，Cの場面ごとに取り出して鑑賞し，分析を行った。その際に，音楽的特徴や曲想・心情に注目し，気づいたこと・感じたこと全てをワークシートに記すよう指示した。

Aの場面，Bの場面，Cの場面と聴き進めるごとに意見交換を行い，それらの意見を「音楽を形づくっているもの」と「曲想」に分けて板書した。また，○○な感じ（曲想）を感じ取った学生には，どのような音楽の要素からそう思ったか，どのような音楽の要素がそのイメージを演出していると思うかなど，音楽の構造に結びつくような発問を行った。また，音楽の諸要素に気づいた学生には，それによってどのような雰囲気が生み出されているか，どのようなイメージを感じ取ることができるかなど，曲想に結びつくような発問を行い，他の学生が発表した意見と組み合わせて解釈を促すなど，「音楽を形づくっているもの」と「曲想」の相互の関係が見えるように意識して指導を行った。

以下，学生から発言された意見をまとめながら，構成に従って分析内容を述べていく。なお，楽曲分析を進める段階では学生には下記のような簡略化した楽譜（筆者作成）を渡しており，視覚的な情報も手がかりとしている。

①Aの場面

よく耳にする有名な旋律は，この楽曲の主題となるAの場面の旋律である。学生からはこの場面について次のような意見が出された。

・短調　⇒暗い，弱くて脆い感じがする
・途中で少しだけ明るい響きになるが，またすぐ暗くなる
　⇒繊細，自信のない人の片想い，一瞬自信を取り戻すがやはり不安になる
・スラーが多い，強弱が弱い（ピアニッシモ）
　⇒穏やかな様子，内気な性格

前者は「音楽を形づくっているもの」であり，後者は「曲想」である。音楽の諸要素に関してもいくつもの視点から音楽を捉えられていることがわかる。上記の内容をさらに理論的に深く読み解くと，次のような解釈によって上記の内容を裏付けることができる。

イ短調の持つ響きによって曲全体の物悲しい雰囲気が作られ，左手のアルペジオや美しい和音の変化によって繊細な表情が生み出されている。左手の伴奏が登場するのは第２小節目からであり，アウフタクト（弱起）による右手の旋律の始まりは一拍目が明確でないことから，はっきりしない，不安定な始まり方であると言える。また，「ミ」「レ♯」という二つの音程は短２度であり，不安定な響きを持つ不協和音にも使われる音程であることから，この短２度による音の連続がさらに不安な心情を表現している。

また，Ａの場面の途中，下記のように一瞬明るくなる部分がある。

この部分では強弱もメゾフォルテになり，調性もハ長調を経由するため，まるで生気を取り戻したかのような明るさが感じられるが，それは一瞬の出来事で，またイ短調の憂いをもった響きに戻っていく。最初のＡの場面では，これが２回繰り返される。このようにいくつもの音楽の要素によって生み出されている不安定さと，ベートーヴェンの背景が，学生に「繊細さ，内気な性格，自信のない人の片想い」というイメージを想起させていたと言える。

②Ｂの場面

突如明るくなるこの場面では，学生からは次のような意見が出された。

・長調である
　⇒明るく希望が感じられる，自信に満ち溢れる，お花畑，良い思い出
・スタッカート，細かい音符　⇒軽快さ，楽しさ，ウキウキした気持ち
・アクセント，左手の音の動き　⇒感情の高鳴り，心躍る様子

この部分はヘ長調であり，それだけでも明るい印象を受けるが，さらに装飾音符による華やかさ，付点音符による弾むようなリズム，32分音符による細やかで躍動感ある動き，高音域の活用など，あらゆる点でAの場面とは全く異なる表情が表現されている。また，左手の伴奏もAよりも充実しており，スタッカートの登場など,「陰」の雰囲気を持つAと正反対の「陽」の印象がある。学生の感じ取った「心躍る様子」や「ウキウキした気持ち」が，調・旋律の動き・リズムなど，様々な音楽的要素から裏付けることができる。

③Cの場面

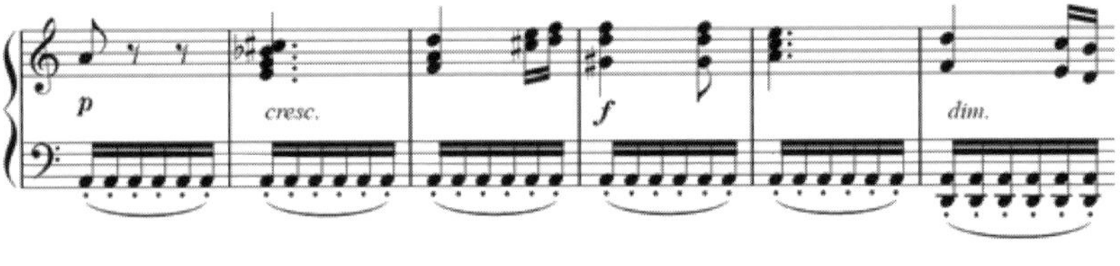

A，Bのどちらとも異なる劇的なCの場面では，学生から次のような意見が出された。

・フォルテの登場，低い音で刻まれる伴奏
　⇒悲劇，絶望，激しさ，精神的にどん底に突き落とされる感じ
・同音連打による伴奏型
　⇒心臓の鼓動，切迫感，追い詰められている感じ

この部分もＡと同じくイ短調であるが，繊細な印象のＡに比べて，Ｃの部分は激しい印象を受ける要素が音楽構造にも見られる。強弱の変化ではこの曲の中で最も強いフォルテが記され，低音域による左手伴奏の同音連打に加えて，右手の旋律もＡやＢの細かな動きとは異なり，和音を用いることで全体に重厚感をもたらしている。また，どちらかと言えば刺激的・印象的な効果を持つ「減七の和音」（和音の種類の一つ）が使われており，音楽に悲劇的なインパクトを与えている。特にこの場面は，ベートーヴェンの背景を知ることによって，音楽の悲観的な表情と作曲者の失恋を結びつけて捉えた者も多かったようである。

以上の分析を踏まえて，最後にもう一度曲全体を鑑賞し，学んだことを振り返ってまとめとした。学生からは次のような感想が得られた。

- 何度も聴いたことのある曲だったが，このように分析したのは初めてで，授業を受ける前と後では聴こえ方が全く違った。
- 作曲者の心情が音楽の細かい表現に表れていることがわかり，ベートーヴェンがどのような気持ちで書いたのかを想像するのが面白かった。
- 音楽の仕組みや変化によっていろいろな雰囲気が感じられることがわかり，音楽の良さを感じた。

今回取り上げた《エリーゼのために》は，教材としても大変わかりやすい楽曲であったため，作曲者の背景と曲想，音楽を形づくっているものをそれぞれ結びつけて考えさせることが可能であった。実際に授業を行っていても，学生がベートーヴェンの人間性に想像を巡らし，ストーリー性をもって楽曲を聴き進められていることがわかり，またそのことが音楽に積極的に関わり，深く読み解いていくことに繋がっていることが見受けられた。どのような楽曲でも同様の効果を得られるというわけではないが，本授業においては，多角的な手がかりを持って「音楽を読み解く」ことは，音楽を深め，味わう上で，一定の効果があることがわかった。

おわりに

時代の変化の中で，音楽という教科は「学校教育に必要なのか？」という問いかけや，経済成長や国際社会，IT社会の影響を受け，授業数はどんどん削減される一方である。

しかし，先に述べたように，音楽は多種多様な学びと結びついており，文化や芸術のみのカテゴリーに留まらない分野であると筆者は考えている。また，テキストに表すことのできない音現象から心情や曲想を読み取ろうとする行為は，想像力を働かせる訓練となり，自己や他者の内なるものと向き合う訓練になるとも言える。さらに，独自の視点や自由な意見を大いに反映させることのできる教科でもあり，多角的に学んで得たものを活用して創造的・協働的な音楽活動に展開していくことも期待できる。

「正解が一つではないことにとことん向き合って追究しようとする力」は，多くの変化がもたらされている今の時代に身に付けるべき力であると強く感じる。また，何事も「時短」「簡略化」「可視化」が求められるこの時代に，「時間をかけて，見えないものを探究する力」も育成するべきなのではないだろうか。どれだけ社会が発展しても，人間は理性と感情の間で揺れ動く生き物であり，どれだけ世の中の動きが加速しテクノロジーが進化しても，人間らしい営みを損なわない社会であって欲しい。そのためにも，「音楽を読み解く力」がその先に幅広い学びをもたらすという信念をもって，この教育に携わっていきたい。

参考文献

ドレミ楽譜編集部『ピアノ名曲110選グレードA』ドレミ楽譜出版社，1983

長谷川千秋『ベートーヴェン』岩波書店，1953

金澤正剛監修『新編　音楽小辞典』音楽之友社，2004

久保田慶一ほか『はじめての音楽史　増補改訂版――古代ギリシアの音楽から日本の現代音楽まで』音楽之友社，2009

文部科学省「読解力向上プログラム」2005

https://www.mext.go.jp/a_menu/shotou/gakuryoku/siryo/05122201/014/005.htm
文部科学省『小学校学習指導要領（平成29年告示）解説音楽編』2017
https://www.mext.go.jp/component/a_menu/education/micro_detail/__icsFiles/afieldfile/2019/03/18/1387017_007.pdf
初等科音楽教育研究会編『小学校教員養成課程用 最新 初等科音楽教育法――2017年告示「小学校学習指導要領」準拠』音楽之友社，2018
菅野恵理子「今こそ音楽を！　第２章：歴史的観点から 音楽はどう学ばれてきたのか」2015
http://www.piano.or.jp/report/04ess/livereport/2015/05/29_19720.html

特集◎PISA型読解力――論理的な認識に導く言葉の力を

読解力・論理力をどう評価するか

思考・判断・表現の評価を通して

古川　治○ふるかわ　おさむ

1　依然，伸び悩む「生きた読解力」

本論のテーマは，「読解力・論理力をどう評価するか」であるが，日本が参加したPISA2018年調査（OECD主催）の読解力の結果が，2019年12月３日に発表されたので，本論と関係する部分について触れ，それを受け，「読解力・論理力をどう評価するか」について述べる。PISA は2000年以降，世界の15歳を対象に，３年ごとに読解力，数学的リテラシー，科学的リテラシーの三分野の力を調べてきたが，今回は特に読解力に重点が置かれた。結果では，日本の15歳の高校生6,100人が参加し，文章や資料から情報を理解，評価し，考える力を問う読解力の平均点が504点（前回は516点）で，12点低下した。OECD平均（79ヵ国・地域）478点よりは高いが，８位から15位に「転落」した。PISA は，この結果を誤差の範囲ではなく，理由のある低下だと分析している。

例えば，電子レンジの安全性を確かめる問題では，必要な情報が載っているウェブサイトを推測し探し出す問いの正答率は，56.1％（OECD平均，59.2％），宣伝サイトとネット上の雑誌記事を比べて，情報の質や信ぴょう性を評価する問いで，自分ならどうするか根拠を示して説明する自由記述式の正答率が，8.9％（OECD平均，27.0％），テキストから情報を探し出す問題などでは低迷している。単に「読解力が低かった」ということであれば，文章の内容の読み取りが悪かったと理解されるが，PISAの読解力が低かったということとは，意味合いが違う。つまり，PISAがいう読解力は，「自らの目的を達成し，自らの知識と可能性を発展させ，社会に参加するために，テキストを理解し，利用し，評価し，熟考し，これに取り組むこと」（国立教育政策研究所，2019，第2章，p.70）という意味の読解力なのである。文部科学省は，今回の低下の理由は「複合的な要因」としたうえで，「日本の生徒がコンピュータを使った回答に不慣れ，SNSなどの普及で長文に触れる機会が減っている」点を挙げ，『言語環境が急速に変わってきている』（文部省発表，産経新聞，2019年12月4日朝刊）としている。その通りであることは認めるが，「言語環境が変わった」のは日本だけでなく，調査参加国共通の問題であり，一層の分析と対策が求められる。

2017年版学習指導要領の作成を担当した水戸部修治（京都女子大学教授）は，2019年12月4日付の朝日新聞に，「『生きた読解力』」ずっと弱いまま」として，次のような指摘をしている。

「PISAの読解力は，単に文章を正確に読み取るだけではなく，社会に生きるのに通用する読解力である。良い例がラパヌイ島の出題。未解明のテーマについて，異なる視点で論じられた複数の文章を読み比較したうえで，考えを述べることを求めている。（中略）目的に応じて情報を探して読む，複数の情報を比較して文章を評価する，読んだことを元に自分の考えを根拠を示して説明する力などは以前から変わらぬ課題だ。（中略）学習指導要領の『読むこと』の言語活動は，読んで終わりではなく，読んだ上で発信する形だ。関連の様々な文章や作品を読んで情報を比較し，考えを持ち，発信，共有するという学習を意図的に繰り返すことが重要だ。」

以上，水戸部の指摘のように，2008年版学習指導要領以来，学校現場では「ことばの力の育成」と言われながらも，依然として読解力というと，一文一文の意味を正確に丁寧に読み取ることに集中し，総合的な読解力につながらないで，読むことで終わり，それを根拠に発信することはしないという，受け身的な読み取り読解指導に終始してきたのではないか。つまり，PISAの読解力がいう，「情報を探し出す」，「理解する」，「評価し，熟考する」，「根拠を元に説明・発言する」というPISA型読解力を養成することが弱かったのではないか。

従来，教師の誤解として，読解力・思考力・判断力・表現力が育成されたかどうかは，一文一文の読解にこだわり，総合的な読解力の育成まで目がいかず，市販のペーパーテストで，知識・技能を評価するように，読解力や思考力や表現力も総括的なペーパーテストで評価できると考えてきたのではないだろうか。授業中やその過程で，知識・技能を評価してきたように，読解力や思考力や表現力も評価し，評価を授業改善に生かそうとする意識が薄れていたのではないだろうか。この機会に，読解力・思考力・判断力・表現力等の力を確かに見取り，授業改善にも生かす評価方法を確立したいものである。

例えば，水戸部はドイツの絵本に関する国際シンポジュームで絵本『スイミー』の指導の国際比較が話題になった体験を語る。比較は，日本，アメリカ，ドイツである。日本では，教材『スイミー』をまず，場面分けし，次に場面ごとに文章を丹念に読み深めていく。ところが，アメリカではストーリー展開の面白さを味わい読み取った後，それぞれの子どもが自分が一番面白かった場面を紹介しあう。ドイツでは，ストーリーを読み取った後，自分が一番好きなところ，あらすじを紹介しあい，絵や人形など多様な表現で発表，掲示にする。欧米の学者からは，日本の読解指導は，何度も場面ごとに文章理解を丹念に深めていくほど，子どもたちは飽きてつまらなくなるのではないかと批判があったという。同様の例として，小学校国語（１年）に「いろいろなのりもの」という教材が，多くの教科書に採用されている。パトカー，消防車，ブルドーザーなどいろいろな仕事をする自動車が登場する。授業では，順番にそれぞれの自動車の役割について細かく丁寧に調べていく。アメリカの場合は，図鑑で自分が大好きな自動車を探し出し，難しい字を調べて読み，みんなに紹介する。日本の子どもたちにとっては，自分が好きな図鑑を豊富な書籍の中から選び出すことは，難しい読解の学習なのである。欧米の子どもたちは，解決するための情報を，自分で選択する学習を小学校時代からしているのである。日本の場合は，教科書の教材に従って順に段落ごとにキリン，パンダ等，それぞれの動物や自動車などを調べていく。興味に合わせて自由に豊富な図鑑などから，図鑑を選び出す学習では，興味のある情報を意欲的に選択し，「ここがすごい」と面白いところを友だちに紹介していくことができる。この点が，日本の読解力が，PISA型読解力に変化できない理由であろう。たしかに，戦前，物語が少なかった日本では，唯一の物語は教科書の教材しかなく，そのため教科書の教材をそのように丹念に，指導するしかなかった。その伝統は戦後の最近まで残っている。それゆえ，日本の児童生徒は，教師から読むべき教材を示されることに慣れ，自ら情報を探し出し，発信するPISA型読解力が弱いのであろう。

2　読解力，論理力とは何か

（1）読解力とは何か…………………………………………………………………

『生きるための知識と技能７』（国立教育政策研究所，2019）の第２章2.1.1（p.70）で，読解力の定義と要素を，次のように規定している。

「読解力は，自らの目的を達成し，自らの知識と可能性を発揮させ，社会に参加するために，テキストを理解し，利用し，評価し，熟考し，これに取り組むこと」と定義付けられている。（2015年まで用いられた「書かれた」が削除され，「評価し」が追加されている。「書かれた」が削除された理由は，問題がコンピュータ使用型に移行したことによる。また，読むことは目標指向であることが多く，読み手はテキストの中の議論の信ぴょう性，著者の視点，テキストと読み手の目標との関連性などの要素を検討しなければならない。こうした概念を組み入れるために『評価』が追加されている。）読解力として測定する能力は，次の３つの能力である。①『情報を探し出す』―テキストの中の情報にアクセスし，取り出す。関連するテキストを探索し，選び出す。②『理解する』―字句の意味を理解する。統合し，推論を創出する。 ③『評価し，熟考する』―質と信ぴょう性を評価する。内容と形式について熟考する。矛盾を見つけて対処する。以上のように評価においても，これまでの授業を反省し，自ら教科書のテーマといろいろな物語とを結びつけ，情報を探し出し，選択するエネルギーを育て，PISA型読解力としての目標を明確にし，力がついたか振り返る授業を，小学校から身に付けていくことがポイントになってくる。

（2）論理力とは何か……………………………………………………………………

論理とは，広辞苑（第６版 新村出編，岩波書店，2008）によると「①思考の形式・法則，また，思考の法則的なつながり。②実際に行われている推理の仕方。論証のすじみち」とある。したがって，正確な要約ができれば，文章の論理がわかることになる。

論理では，文章（思考）の筋道が一貫していること，しっかりとした構造で組み立てられていること，筋道や主張に妥当性があることが必須である。したがって，論理力・思考力は，物事の一貫した筋道立てた考え方で，矛盾なく，説得力があり，妥当性のある考え方で，論理に飛躍がなく，公正に組み立てられ，結論を導くことができる能力であるということができる。例えば，考える筋道の例としては，一般に根拠を具体的に積み上げ，結論に導く帰納法的思考法と，その逆の演繹的思考法が有名である。こうして考えると，論理力とは，思考力と言い換えてもかまわないであろう。学習評価をする指導要録を例にすると 1955（昭和30）年の改訂指導要録の所見欄に観点が設けられた際には，「思考」（または「論理的な思考力」）という観点で設定されている例もある。

3　思考・判断・表現の評価とカリキュラム・マネジメント

したがって，ここからは読解力・思考力の評価をどのようにするかということで，論を進めていきたい。思考力とは，考える働き（力）ということができる。「環境における様々な刺激に対して，固定的なパターンによって単純に反応しないで，その意味や関連を見出すための分析・総合の知的な活動を展開していく一連の心的過程を意味する。」（日本教育方法学会，2004，p.90）思考力の発展や思考の構造化の研究は，J.ピアジェやB.ブルームなどが有名である。近年子どもの発達は，子どもを取り巻く環境の複雑化によって，発達特性が見えにくくなり，自然体験のかかわりが少なくなり，問題解決する場面も少なくなり，学習場面でも自主的に問題解決する意欲も低下してきた。だからこそ，2017年版学習指導要領では，目指す学力として①知識・技能，②思考力・判断力・表現力等，③学びに向かう力，人間性等が強調されたのである。また，1989年の新学力観以来「生きる力」の中核として，変化の激しい時代に主体的に問題解決して生きていく力として，「思考力」が重視されるようになってきた。さらに，2000年以来，PISAによる「リテラシー（読解力）」の要求によって，一層その傾向が重視されるようになった。

思考力は2019年改訂指導要録の観点別評価の観点では，①知識・技能，②思考・判断・表現，③主体的に学習に取り組む態度の３観点に整理された。目標の実現状況を確認する評価についても，2019年１月には，中央教育審議会，初等中等教育分科会，教育課程部会から「児童生徒の学習評価の在り方について」（報告）が出された。報告で，学習評価は，「学習の成果を的確に捉え，教員が指導の改善を図るとともに，子どもたち自身が自らの学びを振り返って次の学びに向かうことができるようするためには，学習評価の在り方が極めて重要」になってきたとした上で，特に指導方法や学習評価と「カリキュラム・マネジメント」を結びつけ，評価を学校教育全体のサイクルに位置付けることに言及している。

「思考・判断・表現の評価について」は，3．学習評価の基本的な枠組みと改善の方向性，（2）観点別学習状況の評価の改善について，③「『思考・判断・表現』の評価について」でその在り方で次のように2点示している。

○「思考・判断・表現」の評価は，各教科等の知識及び技能を活用して課題を解決する等のために必要な思考力，判断力，表現力等を身に付けているかどうかを評価するものである。
○このような考え方は，現行の「思考・判断・表現」の観点においても重視してきたところであるが，新学習指導要領に示された，各教科等における思考力，判断力，表現力等に関わる目標や内容の規定を踏まえ，各教科等の特質に応じた評価方法の工夫改善を進めることが重要である。
　具体的な評価方法としては，ペーパーテストのみならず，論述やレポートの作成，発表，グループでの話合い，作品の制作や表現等の多様な活動を取り入れたり，それらを集めたポートフォリオを活用したりするなど評価方法を工夫することが考えられる。

つまり，知識を習得するためのわかるではなく，思考力・判断力・表現力等を活用して，比較し，関連付け，類別し，因果関係として理由付け，筋道を推論し，抽象化し定義づけ，構造化して，実際の問題解決に活用できる思考力・判断力・表現力等が育成されたかを評価していくことなのである。また，そのための評価方法としては，ペーパーテストだけではなく論述やレポートの作成，発表，グループの話合い等のポートフォリオを活用することを求めたのである。これまで，指導要録の学習の観点別評価の様式において，国語だけが「読む」「書く」「聞く」「話す」の観点であったが，2019年版からは他教科に合わせて①知識・技能，②思考・判断・表現，③主体的に学習に取り組む態度の3観点に整理された。したがって，見取りの評価観点も3観点に整理された。

例えば，国語の思考力「読むこと」の教育目標は，次のようになる。教育目標で精査・解釈（説明的な文章）と考えの形成の能力において，中学年では，

「目的を意識して，中心となる語や文を見付けて要約すること」，「感想や考えをもつこと」，高学年になると，「目的に応じて，文章と図表などを結び付けるなどして必要な情報を見付けたり，論の進め方について考えたりすること」，「理解したことに基づいて，自分の考えをまとめること」である。そうすると，これらの目標を見取る評価基準としては，目標の逆として，「子ども自身が必要な情報を自分で見付け出すことができたか」，「自分の考えを根拠に基づいて，まとめることができたか」（小学校国語指導書）となるのである。

4　思考力と思考・判断・表現の評価に関する中教審答申

（1）「読むこと」の授業改善を通して，読解の能力を高める ……………………

「読むこと」を通して，言語活動の充実を図る物語の事例として例示されているのが，教科書に採用された作家立松和平『海のいのち』である。物語は村一番のすもぐり漁師だった父が海の主のクエに殺され，その仇をとりに行き，息子太一は海中でクエに出くわすが殺さなかった。太一には大魚クエは海の主に思え，人間と魚がずっと海で共生していくことを主題にした物語である。国立教育政策研究所教育課程研究センター（2016）の事例12 の立松和平作品には，『海のいのち』，『山のいのち』など「いのち」シリーズがある。

事例12 の京都市内のＡ小学校は，子どもたちの読み取り能力の開きが大きく，指導の工夫に努めている学校である。当初，教科書『海のいのち』（6年）を読み取るのがやっとであった。しかし，教科書『海のいのち』の次に，絵本『山のいのち』に取り組んだ。『山のいのち』は不登校の静一が，両親の海外出張でいなかの祖父のもとに預けられ，山でニワトリやイタチやヤマメなど生き物たちと出会い，いのちの連鎖に気づく物語である。ある夜，祖父が飼っていたニワトリがイタチに殺された。小屋から逃げられないイタチは水に沈めて殺される。死んだイタチの毛皮は，川で魚を捕るえさになる。こうして，自然は成り立っていることを静一は祖父から教えられ，理解していく。子どもたちは，教科書『海のいのち』だけでなく絵本『山のいのち』にも出会い，叙述中のわからない言葉や表現の意味について聞き，自分なりの根拠をもって考え方を持ち，いのちについて話し合いの読書会を持ち，グループで図るように進歩していく。それにつれ，先生方は読解力の成果をペーパーテストで評価するだけでなく，子どもたちの読解力を確かに見取る評価基準（ルーブリック）も作成していくことになった。今では，読解力がついてきただけではなく，学習態度が意欲的になりつつある。教科書以外に，絵本，物語，DVD，話し合い等を取り入れた学習であるから，思考・判断・表現の評価は，ペーパーテストではうまくいかない。物語の象徴的な登場人物の心情の叙述に着目して読むこと，立松作品や表現に対する自分の解釈を持ち，意欲的に読書会で交流しようとする，互いに感じたことや考えたことが違うのか，共通しているのか，自分の考え方が広がり，深まったのかを評価基準にすることになる。A小学校では，「１枚のカード」に感想を書き溜めポートフォリオにしたり，読書会では模造紙に感想を書いたポストイットカードを貼り，ポストイットカードごとに子どもたちが集まり，意見を交流させていた。

（2）思考・判断・表現の評価とルーブリックの作成………………………………

思考・判断・表現の評価については，一時間の授業で知識が習得できるようなものではなく，長い単元全体の過程を通して複数の考え方が積み上げられていき，カードやレポートや作品集などポートフォリオによって評価できるものである。

それゆえ，今回の指導要録では，思考・判断・表現の評価については，前述の中央教育審議会教育課程部会の報告（2019）にあるように「各教科等における思考力，判断力，表現力等に関わる目標や内容の規定を踏まえ，……論述やレポートの作成，発表，グループでの話合い，作品の制作や表現等の多様な活動を取り入れたり，それらを集めたポートフォリオを活用したりするなど評価方法を工夫することが考えられる。」と留意されたのである。

また，評価基準については，学習理解の程度の深さを見取るルーブリックの作成が必須になってくる。それは，前述のところで「立松作品や表現に対する自分の解釈を持つ」，「意欲的に読書会で交流しようとする」などが考えられるといったが，それは「どれほど自分の解釈を持ったか」，「どれほど意欲的に交流しようとしたか」の程度の深さをA，B，Cの基準で妥当性と信頼性をもって多面的・客観的に評価を行うためである。

それでは，なぜ，評価基準としてのルーブリックが必要なのか。最後に意義を次のようにまとめておきたい。結論的に言うと学習評価を，教師の個人的な主体的評価によらないよう，ブラックボックスにしないということである。

①評価基準をルーブリックにすることで，可視化し，何をどのように評価するかを，教師と子ども，保護者が評価基準を共有化できるということである。

②ルーブリックを開示することで，子どもの作品やパフォーマンスを教師だけでなく，相互評価，自己評価など多角的に評価できるからである。

③ルーブリックを開示することで，学習目標と評価基準が表裏の関係として，一貫したものになり，より高い評価基準を目指そうという，新たな学習目標になるからである。とはいえ，ルーブリックづくりも時間のいる作業である。それだけに，学年や教科集団で，すべての教材で作るのが理想であるが，できる教材から積み上げ試みるようにしていきたい。特に，思考・判断・表現の資質・能力の評価はペーパーテストのように短期間では評価できないからである。

5　通知表，指導要録の評価

今回の報告と同時期の2019年１月に中央教育審議会から「新しい時代の教育に向けた持続可能な学校指導・運営体制の構築のための学校における働き方改革に関する方策について」（答申）により働き方改革が推進され，指導要録の記入欄もまとめられ，「総合所見及び指導上参考になる諸事項」も要点を箇条書きにするなど記載事項を必要最小限にとどめるようにとされた。指導要録と通知表それぞれの役割を踏まえ様式を共通とするなど効率化が図られつつある。しかし，①知識・技能，②思考・判断・表現，③主体的に学習に取り組む態度の３観点を的確に踏まえた評価基準であり，それを受けた所見文でありたい。思考・判断・表現の所見文の例としては私たちが編集した『通知表所見文例と書き方』（2020）を参考にしていただきたい。

（国語）「自分の考えを提案するため，題材を新聞やアンケート調査結果から設定し，明確な根拠を示せるように，情報を集めるなど，筋道を立てた提案文を書くことができました。」

「命をテーマにした読書座談会では，学校図書館を活用して，複数の図書を比較したり，関係づけたりして考えを作り，友だちに向けて発信できました。」

（社会）「県の様子について図書館の資料で調べたことを基に，県の特色について話し合い，グループでまとめることができ，説明，発言できました。」

「低い土地，暖かい土地の暮らしを調べ，なぜそのような暮らしの工夫をしてきたのか。土地の様子や気候と関連付けて考えることができました。人々は自然環境に適応して工夫や努力して生きていることを具体的事例と共に説明することができました。」

参考文献

古川治・南山晃生編著，ぶんけい教育研究所企画・編集『2019年改訂 新小学校児童指導要録解説と記入方法Q＆A』文溪堂，2020

梶田叡一監修，古川治・陸奥田維彦編著『通知表所見文例と書き方』学陽書房，2020

国立教育政策研究所編『生きるための知識と技能7』（OECD――生徒の学習到達度調査（PISA），2018年調査国際結果報告書）明石書店，2019，p.70

国立教育政策研究所教育課程研究センター『小学校国語科映像指導資料』2016，p.90

水戸部修治「生きた読解力ずっと弱いまま」朝日新聞，2019年12月4日付（朝刊）

文部科学省中央教育審議会・初等中等教育分科会・教育課程部会「児童生徒の学習評価の在り方について」（報告） 2019

日本教育方法学会編 『現代教育方法事典』図書文化社，2004，p.90

特別寄稿

教育における「排除」と「包摂」を考える

多文化共生の観点から

橋本 光能○はしもと　みつよし

はじめに

「排除」と「包摂」という言葉がある。「排除」とは文字通り「おしのけてそこから除くこと」[1]であり，「包摂」とは「一つの事柄をより大きな範囲の事柄の中にとりこむこと」[2]である。我々が生きる現代社会においては，この相反する概念が相克しながら併存している。

筆者が本稿に向き合っているのは2020年５月上旬である。少なくともこの時点においては新型コロナウイルス感染症は沈静化に至っておらず，依然として世界中が危機的な状況下に置かれている。日本でも政府による緊急事態宣言の延長が発表されたところである。

今から遡ること約100年前，1923年に関東大震災が発生した。この時，地震発生直後に「朝鮮人が井戸に毒を投げ入れた」等のデマが広まったことはよく知られている。今もまた，日々献身的にコロナとの闘いを続けておられる医療従事者やその家族に対して，差別や偏見の視線が向けられることも多いという。

このように，非常時には平時以上に「排除」の論理が「包摂」のそれを凌駕する傾向が見られる。そこで，コロナ禍の中にいるこの時期だからこそ，改めて教育における「排除」と「包摂」，そして我々は「包摂」の教育をどのように進めていくのかについて，主に多文化共生の観点から考察してみたい。

1 「排除」と「包摂」

（1）「排除/包摂」の概念の広がり……………………………………………………

社会的な「排除/包摂」の概念を生んだのは1980年代後半のフランスとされている。同国では1988年に，社会参入の最低所得保障（RMI）が創設され，社会的排除の問題が先進的に取り組まれてきた。

天野（2011）によれば，「貧困や社会的な格差の問題を市民権や社会権が剥奪される排除の概念へと発展させた諸政策は，社会的連帯の概念に基づき，①社会的に排除されている人々の市民権を確保し，②RMIや反排除法において，雇用，住居，教育，医療福祉，文化など広範な生活保障の必要性を認め，社会権の確保に寄与する可能性を有する。例えば，文化政策では『文化的発展』の理念に基づく『連帯と排除との闘い』を目的とする諸施策が行われている」(3)のである。

（2）教育における「排除」と「包摂」…………………………………………………

「排除」の論理の存在は，教育の分野においてもなお直面している課題である。

ここで「包摂の教育」を「それまで教育の対象からおしのけて取り除いてきた存在をようやく教育の対象として捉え，取組みを進めること」と定義するならば，戦後日本社会の教育の領域において，「包摂の教育」は「1970年頃をメルクマールとして姿をはっきりさせる」(4)と倉石（2009）は述べており，具体的事例として在日朝鮮人と被差別部落という対象を取り上げている。

筆者自身もこの２つは，日本の教育における「排除/包摂」について考察する時，避けては通れない対象であると考えている。とりわけ大阪では，学校現場も教育行政も，この２つの課題に地を這うような思いで真摯に取り組み，「排除」の論理に抗ってきた。だからこそ，大阪では，全国をリードするような「包摂」の教育を構築してきたのである。

２　大阪における「包摂」教育

（1）これまでを振り返る

ここで，筆者が「排除」と「包摂」というテーマに向き合うようになった経緯について振り返ってみたい。

筆者は幼少期から大阪府内で育ち，幼・小・中・高といずれも府内の公立で学んだ。大学では教育制度学を学び，もともと教員志望であったことから，当然のごとく大阪府の教員採用試験に臨み，府立高校の社会科教諭となった。

当時は生徒急増期で，多くの府立高校が新たに創設された時期であった。筆者が新規採用者として赴任した先もまた，設立２年目の高校であった。大手家電メーカーの企業城下町ともいえる某市に位置するその高校で，新設校ゆえの生徒指導の困難さに直面するとともに，生徒たちの生活背景の多様さ，複雑さを思い知ることとなったのである。

７年間勤務した後，異動した先もまた，創設間もない新しい高校であった。また，この高校は，地元の熱い要望を受けて設立されたという経緯のある高校でもあった。少し詳述すると，1965年の国の同和対策審議会答申を受けて1969年に施行された「同和対策事業特別措置法」（のちに数次の改正を経て「地域改善対策特定事業に係る国の財政上の特別措置に関する法律」）[(5)]で指定された，いわゆる同和地区の「地元校」と位置付けられていた高校であった。このような「地元校」は府内に数校あり，大阪における人権教育，換言すれば「包摂の教育」に精力的に取り組み，大阪府内は言うに及ばず，全国を牽引するような先進的な取組みを進めていたのであった。

２校目となるこの高校で，初任校以上に生徒の多様で複雑な生活背景に直面することとなる。そして,「排除」される側にいる生徒たちと関わり,思いに寄り添い,そして「排除」の理不尽さを実感することとなる。

さらに述べるならば,筆者はそれまでの人生においては,同和教育に関して必ずしも積極的に関わってこなかった。しかし,この高校で「排除」される立場の生徒たちと向き合う中で,これまでの価値観は根底から転換することとなった。机上の理論ではなく,現実から学ぶことの大切さ。これが筆者が人権教育,本稿で言う「包摂の教育」に取り組むようになった原点なのである。

（2）大阪の教育が「包摂」である所以

では,なぜ大阪において「包摂の教育」が先駆的に取り組まれてきたのだろうか。

その要因のひとつとして,部落差別（同和問題）の存在と,それに対する反差別の運動が展開されてきたことが挙げられる。前述したように,「同和対策事業特別措置法」をはじめとする数次の特別措置法において対象地域とされた「同和地区」が府内各所に存在し,そこには厳しい「差別＝排除」の現実があった。当事者団体による行政闘争も激しいものとなった時期もあった。

ここで忘れてはならないのは,行政闘争の背景には厳しい「差別=排除」の現実があったことである。それは教育現場においても例外ではなく,多くの教員が差別をなくすための教育に真摯に取り組んできたのである。同和教育を象徴する「今日も机にあの子がいない」という言葉がある。これは,子どもの言動を表面的に捉えるのではなく,その背景に迫ることが肝要であること,つまり子どもの不登校や荒れの背景には,部落差別に起因する社会の構造的問題があることをしっかりと認識した上でないと子どもを真に理解することはできないことを意味する言葉であった。こういった同和教育の精神は,経験豊富な教員から経験の少ない教員へと脈々と引き継がれてきたのである[6]。

さらには,大阪には同和地区以外にも在日韓国・朝鮮人の集住地域,新たな渡日者の集住地域などが存在したことも大きな要因である。ともすれば「排除」される側に立たされがちな人たちの思いを受け止めるべく,学校現場も行政も大いなる努力をしてきたと言える。このように，同和教育に端を発した人権教育のうねりは，「包摂の教育」として大阪でさらに大きくなっていったのであった。

（3）大阪における「包摂の教育」の取組み

大阪における「包摂の教育」の具体的取組みについては，同和教育をはじめ，「ともに学びともに育つ」理念に基づくインクルーシブ教育，「違いを豊かさに」を基本に据えた多文化共生教育，「わかる喜び，学ぶ意欲」をめざしたエンパワメントスクールの創設，「しんどい状況下にある子どもを支える」ためのSSW（スクールソーシャルワーカー）の配置やNPOと連携した校内での居場所づくり等，枚挙にいとまがない。これらのうち，ここでは多文化共生に焦点を当て，外国からの新たな渡日生の現状や課題について述べてみたい。

多くの人権課題の中から筆者が多文化共生を取り上げる理由は３つある。

第一の理由は，日本語指導が必要な児童生徒数が増加傾向にあることである。図１から，ここ10年間で日本語指導が必要な外国籍児童生徒数は約1.4倍となっていることが読み取れる。同じく日本国籍の児童生徒に関しては，２倍以上の増加を示している（図２参照)。このことは，単に日本語指導が必要な児童生徒の数が増えているというだけでなく，置かれている状況の多様化をも意味していると言える。

筆者が教諭として高校現場で勤務していた頃（1990年代まで）は，学校における外国人教育の主な対象は，歴史的経緯があって日本に在住する在日韓国・朝鮮人の問題であった。その後，日本に帰国した中国残留邦人や，新たな渡日者(7)へと，その対象は拡大していった。

さらには，2019年４月には出入国管理法が改正され，外国人労働者が増加していくことが見込まれている。現在においても，図３のように日本語指導が必要な児童生徒の母語は多様化の傾向を示しているが，今後，日本語指導が必要な児童生徒の数もいっそう増えることが予想されることから，母語の多様化も確実に進行する。この現実に学校現場は正面から向き合わなければならないの

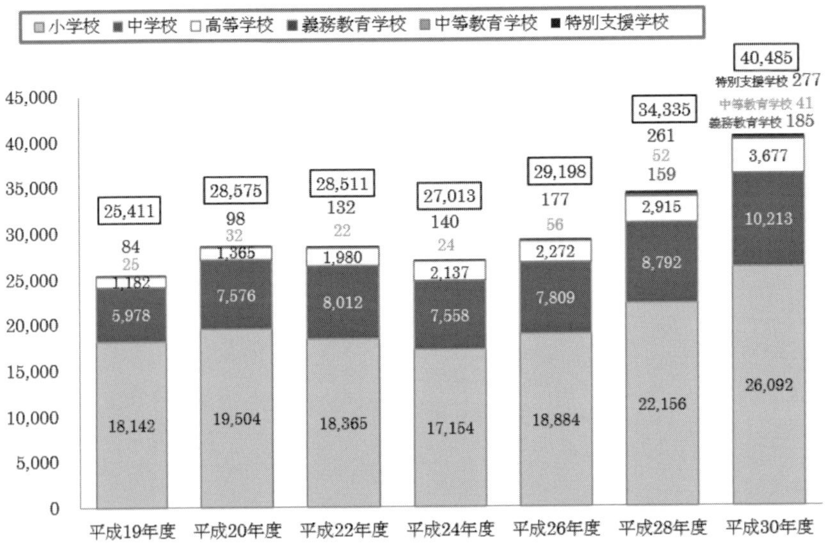

図１　日本語指導が必要な外国籍の児童生徒数（文部科学省「『日本語指導が必要な児童生徒の受入状況等に関する調査（平成30年度）』の結果について」2019）

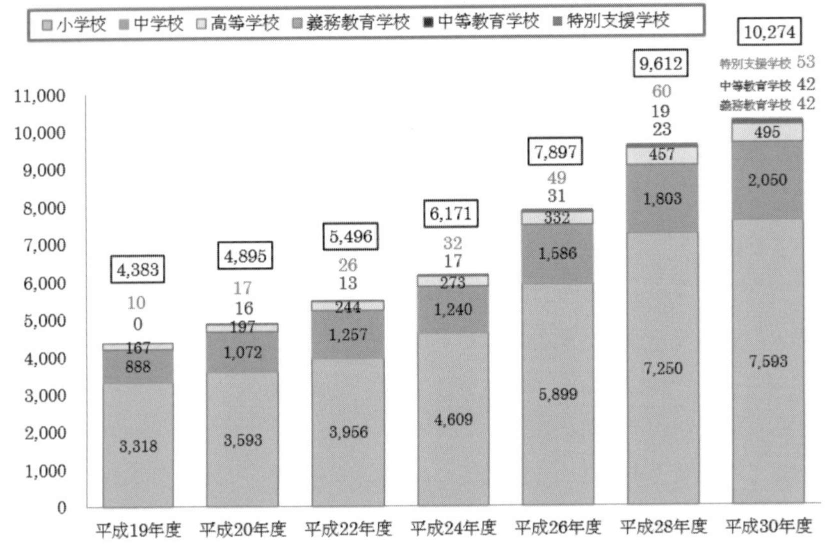

図２　日本語指導が必要な日本国籍の児童生徒数（文部科学省「『日本語指導が必要な児童生徒の受入状況等に関する調査（平成30年度）』の結果について」2019）

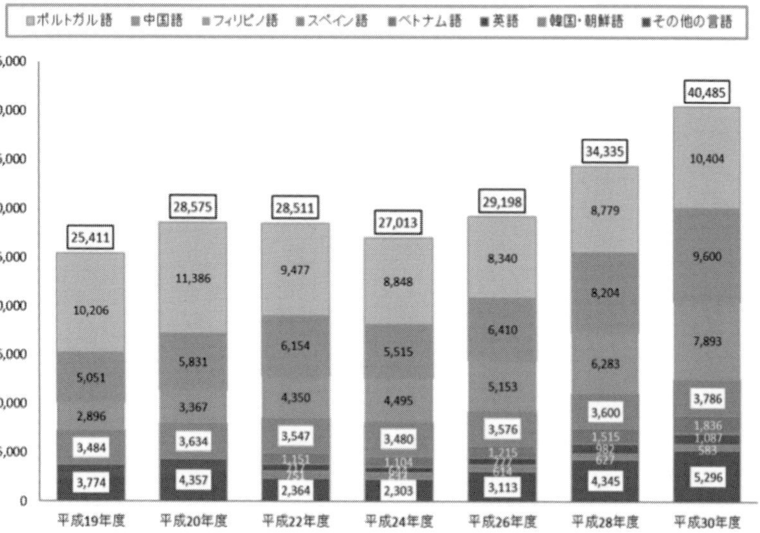

図３　日本語指導が必要な外国籍の児童生徒数の母語別在籍状況（文部科学省「『日本語指導が必要な児童生徒の受入状況等に関する調査（平成30年度）』の結果について」2019）

である。

第二の理由は，筆者自身が多くの帰国生や渡日生と関わってきた経験を有することである。

筆者が教諭として勤務した２校目の高校は，市内に中国からの帰国者やベトナムからの渡日者の集住地域を有していたことから，外国にルーツのある生徒が多く在籍していた。それまでの経験やノウハウの蓄積がほとんどない中，手探りで帰国生や渡日生が日本で生きていくための支援をしてきたと言える。そして彼ら，彼女らとの関わりを通して，文化や風習の違いによる日本人生徒との軋轢や，母語を忘れることによる家庭内コミュニケーションの断絶など，当事者でしか分からないつらい実態を目の当たりにしてきたのである。

教育委員会勤務を経て校長として着任した高校は，外国にルーツのある生徒がさらに多く在籍していた。日本国籍の有無にかかわらず，日本語指導が必要な生徒は100名を超えていた。中でも最も強く記憶に残っているのは，私が校長着任時に高校３年生として在籍していた中国出身のＴさんとの出会いであった。厳しい家庭環境にあって大変な苦労をした末に，ようやく20歳で日本の高校に入学した彼女は，血の滲むような努力を続け見事に筑波大学合格を果たしたのであった。彼女は2019年７月に桃山学院教育大学で開催された「第２回未来を作る人間教育フォーラム」において，多文化共生と学力保障をテーマにしたパネルディスカッションに参加して発言をしてくれた。それは参加者の心を強く打つものであった。発言内容は以下の通りである。

「私は日本に来てすぐには高校に入れませんでした。アルバイトをしながら日本語を勉強し，偶然，特別枠入試があることを知って受験し，20歳の時に高校１年生になりました。高校では，日本語の勉強だけでなく，母語の勉強と中国に関する文化的な活動もたくさん行いました。私は高校を卒業したらすぐに働こうと思っていました。なぜなら私の家庭は豊かではなく，大学に行くなんて夢にも思えなかったからです。でも先生方に『経済的に厳しくても，夢をもって大学に行って自分の可能性をもっと広げてみたら』と励まされ，放課後も遅くまで残って勉強を教えていただきました。そのおかげで私は筑波大学に合格することができました。

もし私が日本で高校に入らなかったら，今の自分はなかったと思います。私たちのような外国から来た弱い立場の生徒たちを心から支えていただいたこの高校に出会えて本当に良かったと思います。ありがとうございました。」[8]

彼女のこの言葉は，渡日生を受け入れている学校現場の実情の一端を如実に表している。ただし，当該の高校は日本語指導が必要な生徒の多数在籍校であったので，教員加配や非常勤講師時数の配当といった一定の行政的な支援を受けることができていたという側面があった。むしろ本当に苦悩しているのは，行政の支援が薄い少数点在校であることを認識しておく必要がある。

第三の理由は，筆者自身の身内に渡日生がいることである。娘が結婚した相手が中国からの渡日生というご縁をいただいたのだ。彼（義理の息子になる）は小学校４年生の時に家庭の事情で両親とともに中国から日本に移住することとなった。千葉県の某市にある公立小学校に編入した彼は，特段の支援を受けることなく学校生活を送ることを余儀なくされた。日本語をまったく解せないまま，毎日授業を受け続けた時の苦悩を彼から聴いた時，私は涙を禁じ得なかった。

そんな彼を救ってくれたのは，当時の校長先生だった。校長先生は，会議や出張のない日の毎放課後，彼を校長室に呼び，日本語を教えてくれたという。まさに，彼にとっての恩人である。余談になるが，校長先生は傘寿をとうに過ぎ米寿に近づいておられる御身。お世話になった彼の身内として，また同じ教育者の端くれとして，校長先生に直接御礼を申し上げたいとの強い思いから，2019年夏に千葉県某市を訪れ，無事お会いすることができたことを付記させていただく。

3　我々が大切にすべき視点

（1）今こそ教育の原点に立ち返る……………………………………………………

筆者が教育行政に身を置いていた数年前，頭髪指導をめぐる新聞報道がきっかけとなって，生徒指導のあり方が大阪府議会でも取り上げられ，厳しい議論になった。個々の事案について本稿で触れることは避けるが，少なくとも一部の学校においては，頭髪・服装といった外形的な指導が生徒指導の目的化していたことは否めない現実であった。

児童生徒の問題行動の背景には必ず要因がある。その背景に迫ることなしには児童生徒の心に切り込む指導などできるはずもなく，生徒指導提要にも「生徒指導の基盤となるのは児童生徒理解である」旨が明確に示されている。このことは，本稿で取り上げている多文化共生においても同じことが言える。日本語が話せない渡日生に対し，単に日本語を教えることが教育ではない。なぜその子は日本に来たのか？　家庭状況はどうなっているのか？　保護者の日本語能力は？　どんな思いで学校生活を過ごしているのか？　こういったことを知らなければ（少なくとも知ろうとしなければ），その子どもを理解することはできないのである。

元来，同和教育の原点は「差別の現実から深く学ぶ」ことであった。すなわち，子どもの生活背景に迫るということである。そのことは，多文化共生教育にも人権教育にも生徒指導にも，そして学習指導にもつながることでもある。

また，日本語が話せない渡日生が安心して学校に通える環境を少しでも整えることによる他の子どもたちへの波及効果が大きいことにも注目したい。つまり，日本語が話せない渡日生は「違い」や「困り感」が他の子どもからも見えやすいということである。渡日生への支援を通して，子ども一人ひとりを大切にするという学校の姿勢を他の児童生徒にも伝えやすく，大きな教育的効果を期待できるという側面があることも指摘しておきたい。

（2）具体的行動へ…………………………………………………………………

では，実際に教室にいる渡日生にどう向き合うのか。

受け入れる側は，最初は戸惑って当然であろう。まずは，その子どもの生活背景の把握に努めるべきである。すると必ずそこから多くのことが見えてくる。

次には，想像力を働かせることである。異国の学校で，言葉も分からず文化も違う中で毎日を過ごす孤独感や不安感はどれほどのものか。自分がその立場に居たら，どんな支援を求めるのか？　筆者自身が校長として，当時の生徒であったTさんを応援したのも，渡日生であった義理の息子の小学校編入時の話を聴いて涙を禁じ得なかったのも，いずれも想像力を働かせて彼ら，彼女らの苦労に思いを馳せたからに他ならないのである。

そうすれば，どんな支援が必要なのかが朧気ながら見えてくる。具体的に活用できる施策等については，知識を有するところに聞くことから始めればよい。教育委員会をはじめとして，在日外国人教育の研究団体（大阪府には大阪府在日外国人教育研究協議会や各市の在日外国人教育研究会がある）やNPOにはそれぞれにノウハウの蓄積がある。施策を知らないばかりに，当該児童生徒に必要な支援を届けることができないという状況があってはならない。

そして，繰り返しになるが，その子どもの生活背景も含めた理解に努めることが子どもを支援する大前提となる。

おわりに

グローバル化，国際化が叫ばれるようになって久しい。日本人が国際社会で活躍することは素晴らしいことである。一方で，「内なる国際化」の視点を大切にしなければならない。

本稿で縷々述べてきたように，日本は外国にルーツのある多くの人々と共存していく時代を迎えている。まさに，多文化共生社会の実現が問われている。

筆者は，渡日生に夢を持たせたいと思っている。とりわけ，教員志望の渡日生の夢を叶える応援をしたい。国籍の違い，経済状況，日本語の壁といった諸要因により最初から諦めてしまうのではなく，少なくとも同じスタートラインに立てるような環境の醸成を一歩でも進めたいと思う。

筆者が校長を務めた高校の卒業生の中には，２で紹介した中国出身のＴ先生（彼女は筑波大学卒業後，一旦民間企業に就職したが，当初の希望であった教員をめざすこととし，2020年春から正式採用され府立高校で教鞭をとっている）をはじめ，人一倍の努力を積み重ねて晴れて教諭として母校の教壇に立っているベトナム国籍のＬ先生，採用試験合格をめざし講師として奮闘するフィリピンにルーツのあるＨ先生たちがいる。彼ら，彼女らをロールモデルに，「頑張れば夢が叶うんだ」という実感を持たせ，次に続く教員を増やしたいと強く思っている。

筆者が勤務する桃山学院教育大学では，2021年度から日本語指導教員の養成プログラムを設けることになっている。あわせて，渡日生を対象とした特別枠での入学者選抜を実施することも決定した。

想像力を最大限喚起しながら，「内なる国際化」，さらには「包摂の教育」の進展にそれぞれの立場で寄与していきたいものである。

註

(1)・(2)　松村明編『大辞林』第三版，三省堂，2006による。

(3)　天野敏昭「フランスにおける社会的排除と文化政策――社会的包摂における芸術・文化の意義」『大原社会問題研究所雑誌』No.638，2011

(4)　倉石一郎『包摂と排除の教育学――マイノリティ研究から教育福祉社会史へ』生活書院，2009

(5)　2002年３月末に失効。

(6)　橋本光能「生徒指導の本質」『人間教育学研究紀要』第６号，2019

(7)　高校における渡日生の実情については志水宏吉編著『高校を生きるニューカマー――大阪府立高校にみる教育支援』明石書店，2008に詳しい。

(8)　『桃山学院教育大学教育実践研究第２号』2020，第２回未来を作る人間教育フォーラム記録より引用（一部内容改変）。

特別寄稿

アフリカと国際協力NGO活動

アジスアベバ・ナイロビ・キンシャサの事例を中心に

深尾 幸市○ふかお こういち

はじめに

筆者は1980年から3年間西アフリカのナイジェリア・カドナに駐在し，それを契機にアフリカに関心を持つようになった。

近年のアフリカ諸国は，人口爆発，資源開発，地域紛争などに加え，経済成長著しくAI導入や携帯電話の普及など急激に変化し隔世の感がある。が，一般的には依然として饑餓に苦しむ子ども，難民，内戦，HIV/エイズが課題のように捉えられている。これがアフリカの現実とは言え，断片的に捉えて哀れみや恐怖，好奇心の目を向けるだけでは多様なアフリカの姿は見えてこない。アフリカ大陸には54ヵ国[(1)]があり，2,500以上の民族が国境を越えて混在している。国によって，一国の中でも地域により文化・宗教が異なり発展の度合いも治安も異なる。とりわけ2005年のグレンイーグルズ・サミットでアフリカ支援が世界の安定に繋がると議論されてから15年。一方日本の主導するアフリカ開発会議（TICADプロセス）[(2)]は1993年東京において採択されて以来約30年，アフリカ支援は経済支援のほか国際協力NGOも重視されてきた。

本論では「NGOとは何か」，日本におけるNGO活動の内容・現況を簡略に整理し，アフリカにかかわる日本のNGOの国際的役割について考察することを目的とする。また筆者の現地訪問（エチオピア・アジスアベバ，ケニア・ナイロビ，コンゴ民主共和国・キンシャサ）の取材・フィールドワークを報告する。さらにアフリカの子ども支援をする草の根NGO SESCO[3]及びGA[4]の活動30年に言及する。

1　NGOとは何か

NGOとは，Non-governmental Organizations（非政府組織）の頭文字をとったものである。「国連憲章第71条では，経済社会理事会は，その権限内にある事項に関係のある民間団体と協議するために，適当な取り決めを行うことができる」としている（重田，2005，p.16）。その民間団体を表す言葉としてNGOは用いられ始めた。NGOを構成する要素としては，政府に属さない組織であること。非営利であること。獲得した収益を組織の出資者に分配してはならないという３点を挙げることができよう。良く使われるNPO（Non-profit Organization：非営利組織）とNGOの違いは，通常便宜的にNGOを国際的に活動する組織，NPOを国内的に活動する組織と使い分けているが，どちらも非政府・非営利組織であることに違いはない。NGOは，個人の自発的な参加と支援によって運営される組織であり，動員・勧誘・強制による参加や支援によって運営される組織はNGOとは言えない。

活動形態で見ると次の７項目に分類できる。①人材派遣：教育，農業，保健医療，地域振興などの分野で，現地に人材を派遣する団体　②カウンターパート支援：現地のNGOや福祉団体などに資金提供・物資供給をする団体　③国内研修：海外から人を招き研修や交流をする団体　④在日・滞在外国人の支援：日本国内にいる外国人に対して，教育・医療・福祉などのサービスを提供する団体　⑤アドボカシー：各国で起きている問題の情勢を収集し，政府や企業に提言を行う団体　⑥開発協力・国際理解協力：日本国内の学校教育や社会教育の中で，開発，環境，人権などの問題に取り組む団体　⑦ネットワーク：

上記の様な活動を行う団体内の連絡調整やネットワーキングを行う団体である（深尾，2004，pp.100-101）。

国際協力NGOセンターが発行している『NGOデータブック2016』によると現在日本の NGO は約430 ある。団体の規模は，１人で事務局を担う小規模な団体から国内外にスタッフを抱える大規模な団体まで多様である。資金規模で見ると，日本のすべての NGO の年間活動資金の総計は約275億円で，最も多いのが 1,000万円未満（32％）であり，１億円以上（18％）の団体との二極化が見られる。資金10億円以上を動かす団体が 10団体ある（JANIC，2016)。会員制度としては，設立趣旨や活動内容に賛同する個人や法人の存在は不可欠であり，NGO団体の９割以上は会員制度を有し，正会員，賛助会員，法人会員，学生会員，事務局スタッフなどで構成されている。意思決定機関としては「理事会と総会」で構成され，代表者・役職員は NGO・NPO職員，企業従事者，大学教員，退職者，牧師・僧侶が多い。

２　NGO をめぐる近年の状況

日本の NGO をめぐる近年の動向としては「MDGs[5]から SDGs[6]へのシフト」「武力紛争による人道支援の拡大」「東日本大震災を契機とした国内災害支援の展開」があり，より効果的に成果を最大化するための「他セクターとの連携の一層の推進」が志向される。2000年から 15年間推進された「MDGs」（Millennium Development Goals：ミレニアム開発目標）は，一定の成果とともに課題も残したが，続いて「SDGs」（Sustainable Development Goals：持続可能な開発目標）が 2015年９月に「国連持続可能な開発サミット」で採択された。その内容は 17の目標と 169のターゲットからなり，2030年までに貧困や飢餓，エネルギー，気候変動，平和的社会など，持続可能な開発のための諸目標をグローバルに達成するためには，多様なセクターが連携して力を発揮することが必要であり，NGO は大きな役割を担うべき存在とされる。日本の NGO は，「SDGs」の目標やターゲットの中で自団体のミッションや活動内容と合致するものを把握し，常に「SDGs」の達成状況を意識しながら活動を進めていくことが期待される。

3 アフリカに関わる日本のNGO活動

アフリカには依然として貧困削減，平和構築，MDGs後のSDGsなど取り組むべき課題は多い。このようなアフリカ大陸に対して日本の国際協力NGOがどのように関わっているのか活動状況について見てみよう。『アフリカで活動する日本のNGOデータベース』（AJF，2018）によれば128団体ある（表１）。ただし本稿では休眠を除き120団体を対象とした分析である。

『アフリカで活動する日本のNGOデータベース』（AJF，2018）による活動国／活動地域・活動分野を図１・２にした。ひとつの団体が複数の事業を複合的に展開しているのでNGO団体数は120あるがグラフの数値は，複数回答であるため有効回答数170となる。

図２のグラフの数値も，複数回答であるため有効回答数424となる。

日本のNGO団体の対アフリカ国別活動は，図１に見られるように対象国名を特定しないアフリカ全般が38団体，ケニア26，ウガンダ12，の順になっている。その他２団体が活動しているのはソマリア，ニジェール，コートジボワール，ジンバブエ，セネガル，ナイジェリア，南スーダン，モザンビーク。１団体が活動しているのはギニア，ギニアビサウ，シェラレオネ，チャド，マダガスカル，中央アフリカ，チュニジア，モロッコ，西サハラ，ベナン，マラウイ，モーリタニア，リビア，リベリア，ジブチ，コモロ，セイシェル，ブルジン，モーリシャスである。

ケニアが多い理由は，英語圏であり比較的治安が安定し東アフリカの玄関口，古くから政府との関係も良好な点にあると思われる。日本のNGOの対アフリカ分野別活動状況は，図２に見られるように教育・職業訓練69，貧困問題，保健・医療各63，環境52 が上位にある。この数は，対象国が１つで目的も「貧困」だけの小規模から，活動地域（国）が多く分野も多岐にわたることによる。

表1　アフリカで活動する日本の団体名称（AJF，2018を基に筆者作成）

アイキャン　ICA文化事業協会　アイセック一ツ橋大学委員会　AYINA　アクセプト・インターナショナル　アジア・アフリカ国際奉仕財団　アジア・アフリカと共に歩む会　アジア学院　アジアとアフリカをつなぐ会　あしなが育英会　アデオジャパン　ADRA Japan　アフリカ協会　アフリカこどもの本プロジェクト　アフリカ支援アサンテナゴヤ　アフリカ女性・子供を守る友の会　アフリカ地域開発市民の会　アフリカと神戸俊平友の会　アフリカ友の会　アフリカ日本協議会　アフリカ平和再建委員会　アフリカ理解プロジェクト　African JAG Project　アフリック・アフリカ　AfriMedico　AMDA　AMDA社会開発機構　アムネスティ・インターナショナル日本　ウォーターエイドジャパン　ウーマンズフォーラム魚　エイズ孤児支援NGO・PLAS　ACE　エスペランサ　NGOセスコ　NGO日本アフリカ国際開発　えひめグローバルネットワーク　FGM廃絶を支援する女たちの会　オックスファム・ジャパン　キ・アフリカ　Class for Everyone　グリーンピース　ケア・インターナショナル・ジャパン　結核予防会　ケニアの未来　国際医学生連盟日本　国際環境NGO Foe Japan　国境なき医師団日本　国際難民支援団体　コンサベーション・インターナショナル・ジャパン　サイディア・フラハを支える会　在日ウガンダ人の会　ササカワ・アフリカ財団　SAPESI-Japan　サヘルの森　JHP学校を作る会　ジェン　ジャパンアフリカトラスト　ジョイセフ　地雷廃絶日本キャンペーン　ジンバブエ友の会　スーダン障害者教育支援の会　セーブ・ザ・チルドレン・ジャパン　世界の医療団　第3世界ショップ基金　ダイヤモンド・フォー・ピース　タンザニア・ポレポレクラブ　地球ボランティア協会　チャイルドドクター・ジャパン　DPI日本協議会　TICO　テラ・ルネッサンス　トゥマイニ・ニュンバーニ　「飛んでけ！車いす」の会　飢餓対策NICE　難民を助ける会　ニバルレキレ　日本救援医療センター　日本キリスト教海外医療協力会　日本ケニア交友会　日本国際飢餓対策機構　日本国際ボランティアセンター　日本国際民間協力会　日本サハラウイ協会　日本ブルキナファソ友好協会　日本紛争予防センター　日本モーリタニア友好協会　日本ラザルツ　バオバブの会　ハンガー・フリー・ワールド　バンゲア　HANDS　東アフリカの子どもを救う会・アルディナウペポ　ピースウィンズ・ジャパン　ヒューメイン・インターナショナル・ネットワーク　広島アフリカ講座　FAN3-fansaba　福岡・ウガンダ友好協会　プラン・インターナショナル　ブルキナファソ野球を応援する会　ブルンジ・ジャパン・フレンドシップ　ホープ・インターナショナル開発機構　ポポフ日本支部　マゴソスクールを支える会　まさよし夢基金　マラリア・ノーモアー・ジャパン　道普請人　緑のサヘル　SDGs・プロミス・ジャパン　ムリンディ・ジャパンワンラブ・プロジェクト　ムワンガザ・ファンデーション　メサフレンドシップ　モザンビークのいのちをつなぐ会　森のエネルギーフォーラム　野生生物保全論研究会　リトル・ビーズ・インターナショナル　リボーン・京都　ル・スリール・ジャポン　ロシナンテス　わかちあいプロジェクト　ワールド・ビジョン・ジャパン　ワールドファミリー基金

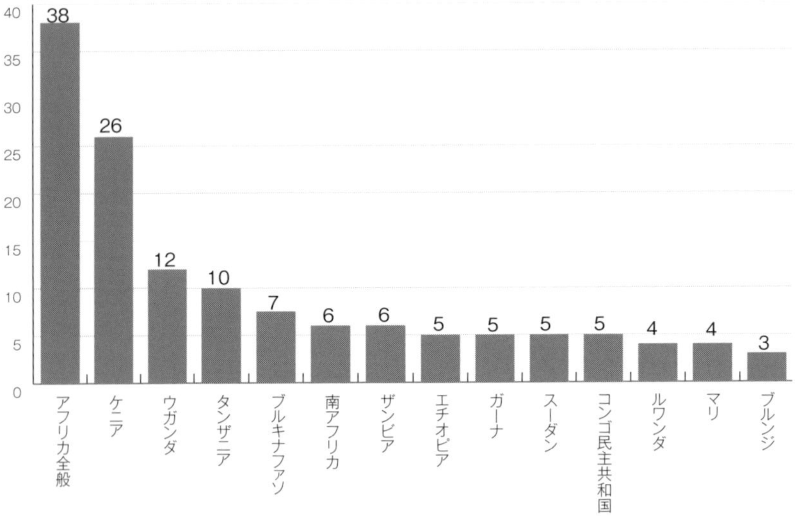

図 1　日本の NGO の対アフリカ国別活動（上位）単位：団体
（AJF，2018 を基に筆者作成）

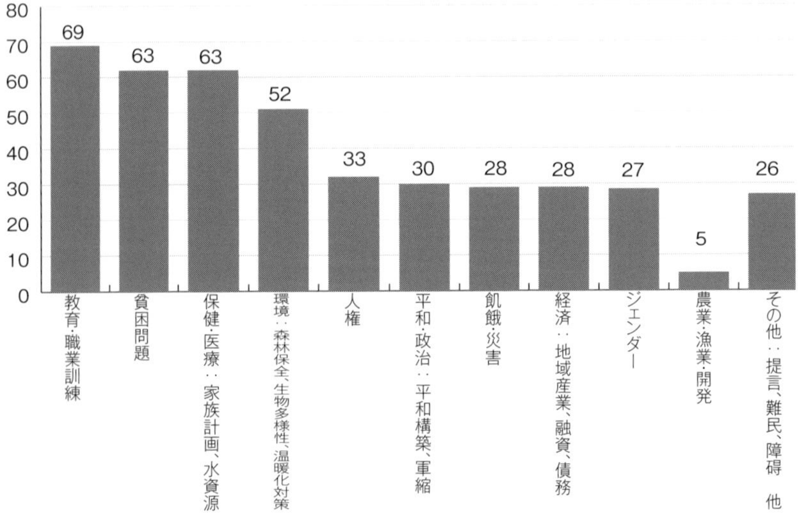

図 2　日本の NGO の対アフリカ分野別活動状況　単位：団体
（AJF，2018 を基に筆者作成）

例えば財務面で最大の特定非営利活動法人AMDAは寄付金収入が70億円以上あり，農村開発，スラム開発，職業訓練，保健医療，給水·水資源，小規模金融，自然災害，植林·森林保全，難民·国内避難民，障碍者，平和構築と広範囲に及ぶ活動団体である。一般には事業費が1億円以上の団体が44あり，100万円以下で活動する団体が38ある（JANIC，2016，p.73）。

4　筆者が現地訪問した東アフリカの3事例

事例　I　エチオピア・アジスアベバ　NGO　WISE

エチオピアにも多くのローカルNGOが活動している。例えば「アグリサービス・エチオピア（AGRI-SERVICE Ethiopia：ASE)」は，1987年ローカルNGOとしてアジスアベバに設立された。農村の貧困削減を目標にし，食料安全保障，環境保全，社会サービスの供給確保に向けて活動し総合農村開発を発足させた。

本稿ではNGO WISEの取材の様子を紹介する。2016年9月，世界的に有名なNGO WISE（Organization for Women in Self Employment）を訪問しチギー・ハイレ（Ms.Tsigie Haile）代表と面談した。'We strive to Empower Poor Women and Girls !'（我々は，貧しい女性と女の子に自立心を与えよう！）と1998年1月に開設され，目的は以下の通りである。①雇用の機会をつくる：持続可能な収入を得る雇用機会　②女性リーダーの育成：貧困を克服し強力に家族を導き発育を促進する　③選ばれたリーダーの持続可能な制度の構築：SACCOs[7]という制度の独立独歩と持続可能なサービスの提供を確実にする　④望ましい実行・学習・再生の促進：この組織は国際的な慈善団体，地域に密着した組織，政府，民間，研究機関と協力関係を築きより多くの女性と女子のために援助拡大を図る。

WISEの活動実績としては，アジスアベバ周辺7都市を含め33,000人に雇用機会を与え，信用組合から小規模金融サービスも受けられるようにした。現在は13,000人以上の雇用と64人が協同組合を編成しリーダーシップ・スキルのトレーニングを提供している。具体的には，WISEから1億4千万ビル（B: Birr）（約6億3千万円）の融資を受け，健康を促進するマイクロ保険計画，読み書き能力のトレーニング，400人以上の女性に市場を確保して貧困女性の生活相談，保護，小額金銭支援などを行う7つの市場避難所の建設，11,000人以上の家庭に都市農業用の苗の供給配布，省エネルギー型料理用ストーブの提供，バザー・展示会のイベント開催，環境衛生活動が挙げられる。支援を受けた一人メキュアネット夫人は「教会で働く夫の収入が月額60ビル（約270円），自分はパンを売っているが，1個10サンチューム（Cents）（0.45円）の手数料しか得られず生活が成り立たない。WISEからローンの借り入れをして，飲料水を扱う店を始め次いで食料品店へ拡大した。今では『ISUZU』のトラックを持てるようになった。」（「Let Me Marrate My Story」W. Mequanent）(8)

事例　Ⅱ　ケニア・ナイロビ・スラム街のインフォーマル教育…………………

ケニアの知られたNGOにアコード（ACORD：Agency for Co-operation and Research in Development Association）がある。国際団体の連合組織として1976年に設立され，市民社会の強化，紛争解決，ジェンダーやその他の差別の克服，暮らしの改善，HIV/エイズの原因と結果への「分析と行動」を行っている。

本稿ではケニアのスラム，キベラのインフォーマル・レジデンス調査の一部を報告する。

ケニアの首都ナイロビ近郊には，10ヶ所以上のスラム（Informal settlement）地域が点在している。中でも最大規模のキベラには，英国植民地政府の傭兵南スーダン人が退職後居住許可を得て住み始めた。当初は比較的裕福な人々が住んでいたが，やがて低所得者の生計の場となり，地方から人々が流入し，住宅事情が悪化，都市計画や公共施設事業の失敗もあって今日に至っている。ナイロビ市（郡）の住民（336万人）の6割がスラムで暮らすと推定されており，キベラには50万人とも80万人とも言われる人々が暮らしている。キベラ全体では正規の初等学校が147校（2015年）あり，そのうち90校程度はスラム内にある。キベラの正規の学校328校（就学前・初等・中等・職業教育，2014年）だけでも 53,000人以上が就学している（澤村，2014，pp.152-153）。

2015年９月大阪大学大学院人間科学研究科の教育事情調査チームに同行しキベラを訪れた。調査チームが訪問した低学費私立校は，貧困層の学校選択と就学の可能性を拡大し初等教育の完全普及に重要な役割を果たしている。無認可であるがゆえ政府の補助金を得られないが干渉を受けることもなく，個人の自由な意志による学校の設立であり，無認可校であればこその長所も持つ。貧困者が自らつくるセーフティネットであり，キベラの住人（父兄・生徒）と，学校の役割（先生・給食係など）をつなぐ結節点としての機能にキベラの住人や研究者・観察者は理解と共感を寄せている。加えて子どもに対する使命感と教員間の連帯感があり，教員と生徒が同じコミュニティに住み就学機会を創っている。つながり合うことで最貧困にある人を支援すると言えるであろう。

調査のためにスラム街に入れば，汚濁と強烈な独特の臭いに直面する。生徒たちからのインタビュー回答では「レイプが怖くスラムから脱出したい」「隣国タンザニアやニューヨークへ行きたい」とあった。トタンで囲まれた粗末な小屋の中の教室，クーラーも無い環境で先生や生徒たちの熱心さには圧倒された。キベラへは国連機関，JICA はじめ世界中の多くの NGO が支援・援助を行っている。

事例　Ⅲ　コンゴ民主共和国（DRC / 旧ザイール）・キンシャサのストリートチルドレン……………………………………………………………………………

コンゴ民主共和国にも多くの国際NGO やローカルNGO が活動している。首都キンシャサの市民組織NGO の活動開始は，1990年代初期である。2002年から世界銀行や IMF による年間約10億ドルの資金援助が国際NGO に対して行われた。現在最も活動している国際NGO のひとつとしてシーモス（CIMOS）がある。これはベルギー赤十字（Croix Rouge Belgique），国際赤十字国際救援委員会（IRC-International Rescue Committee），世界の医療団フランス（Medecins du Monde France），オックスファム（Oxfam）及びセーブ・ザ・

チルドレン英国（Save the Children UK）の５つの国際的なNGOを構成メンバーとして成立した組織である。アメリカのNGOとしてはアフリケアー（Africare）が2004年から活動を始めている。こうした国際NGOの活動の状況をみるためにセーブ・ザ・チルドレン・キンシャサ（Save the Children Kinshasa）とローカルNGO５団体９ヵ所の施設でインタビューを行った（深尾，2011，pp.72-77）。

現在のキンシャサにおける路上生活者の数は，DRCのNGOレジャー（REEJER）代表マフ（Mafu）（2007年）によれば，総数18,098人であり，男子が13,320人，女子が4,778人と報告している。18歳以下のストリートチルドレンは13,877人，その内訳は５歳まで766人，11歳までが3,657人，12歳から18歳までが9,454人である。19歳から54歳までの成人が4,221人いるという。この生活者は市内578ヵ所に分散，路上生活486ヵ所，保護センター92ヵ所に住む。コンゴではストリートチルドレンの生まれるWitchcraft(9)（悪魔つき）がある（深尾，2011，p.73）。

（1） Save the Children Kinshasa

2007年6月13日に責任者のビブラ（C. Bivula）氏に面接した。1994年のルワンダにおける80万人を超える虐殺の救援から活動開始した。キンシャサにおいては1998年からストリートチルドレン支援プロジェクトを始めた。活動内容は，①「子どもの権利」を国民に周知徹底。②悪徳神父にだまされないようポスター，演劇を通じての啓蒙。③ 非識字者が多いのでラジオを通して市民へ呼びかける。④子どもの軽視・無視は犯罪であると市民への教育。⑤政府とSave the ChildrenとローカルNGOのネットワークを強化する。

（2） NGO REEJER : Le Réseau des Educateurs des Enfants et Jeunes de la Rue（ストリートチルドレンや若者に対峙する教育者のネットワーク）

キンシャサにおけるNGOのプラットフォームREEJERの部長マケイア（MR. O. Macair）に取材した。1998年にローカルNGOの支援，ネットワークと指導を目的としてキンシャサに設立された。スタッフは10人で，使命は二つである。一つはストリートチルドレンの保護や家族探し，子どもの権利を守り，環境を整備して更生を図ること。二つ目は路上に居るストリートチルドレンのケアをするため NGO組織を拡大しスタッフの能力を増強することにある。協力団体にセーブ・ザ・チルドレン英国，ユニセフ，モニュク（MONUC）[10] に加えてカナダ，イギリス，イタリアの各大使館から財政支援を受けている（深尾，2011，p.76）。

5　アフリカの子どもを支援する NGO

草の根NGO SESCO のアフリカ子ども支援とモンガフラプロジェクトについて，小規模活動ながら 30年間関わってきた。目的は大別して二つある。一つはコンゴ民主共和国の首都キンシャサの子ども支援であり，二つ目は日本国内の人々にアフリカを伝える活動である。NGO SESCO発足は 1992年「学校に屋根を贈ろう」という活動を現地キンシャサの NGO からの要請に基づいて対応をしたことが嚆矢となった。以降1995年の阪神・淡路大震災では外国人留学生を支援し，ガーナ共和国チョーコ村では保育所・職業訓練所を立ち上げた。国内では「アフリカを伝える」ためにアフリカンセミナーやクリスマスチャリティパーティー，プチ親子国際会議と称して在日外国・アフリカ人の子どもたちと日本人小学生の交流をした。同時に 2006年にキンシャサのストリートチルドレンの救済・自立支援を目的として設立された GA とも協働し，自立支援型農業学校の建設を目指し，キンシャサ市モンガフラ区に 8.23ヘクタール（東京ドームの約6.3倍）の土地を購入した。

おわりに

NGO とは何かにはじまり，NGO の近年の動向とアフリカにかかわる日本の国際協力NGO の現況を概観した。アフリカ大陸54ヵ国，総人口12億人に対して日本の NGO は大小120 の団体が存在するがその成果と課題は何か。アドボカシーのできる NGO も少なく NGO間のネットワークの連携不足も目に付く。人材の育成や，重層的な取り組みのできる NGO団体が増加することを望みたい。

本論ではエチオピアNGO WISEの女性支援の優れた活動，ケニアのスラム街キベラでのインフォーマル小学校への国際NGOの事例，コンゴ民主共和国での，国際NGOとローカルNGO調査を報告した。

NGOの原点，例えば「貧困」とは，ミクロの視点では目の前の人を助ける活動か，あるいは貧困を生み出す構造を変えて貧困自体をなくすマクロの視点で活動するのか。複眼思考から解決していくことが求められる。

NGOの役割を今一度問い直してみると，重田康博は「NGOが持っている活動理念や目指す将来像の根幹は，開発途上国やそこに住む人々の貧困削減，環境の保全，人権の擁護などの国際協力活動であり，途上国のパートナー団体や住民グループなどの受益者が主役であって，ドナー，会員，寄付者はあくまでもNGOや途上国の受益者グループのサポーターである。（略）日本のNGOが目指すアカウンタビリティの本質とは，すべてのステークホルダー間の調整である。」と述べている（重田，2005，p.316）。いずれにせよ国際協力NGOもその正当性（legitimacy），将来像（vision），使命（mission），自己存在証明（identity），説明責任（accountability）について問われている。NGOは，「国際協力を行う非営利の市民組織」という定義と，そこに込められた本質を今後も見失うことなく，世界的な情勢や国内の動向の中で必要とされる活動を常に見極めるとともに，市民からの共感や支持を得ながら，他セクターからも重要な連携相手として信頼される存在であることが求められている。NGOが目指す社会的変革を実現するためには，NGOは常に自省的に自らの在り方を問い直しつつ前進していくことではないだろうか。

注

(1) アフリカ大陸には54ヵ国あるが，アフリカとは，通常北アフリカ（エジプト，リビア，チュニジア，アルジェリア，モロッコ）の5ヵ国を除くサハラ砂漠以南のサブ・サハラ49ヵ国を指すことが多い。

(2) TICADとは，Tokyo International Conference on African Development（アフリカ開発会議）の略で，1993年に日本が主導し国連，国連開発計画（UNDP），アフリカ連合委員会（AUC）及び世界銀行と共同で開催。2019年8月横浜でTICADⅦが開催された。

(3) Send Schools to Children of the World：「世界の子どもたちに学校を贈ろう会」と名付け，「ザイールの屋根のない学校に屋根を掛けよう」と関西のビジネスマンが中心となり，主にアフリカの子ども支援を目的に1993年に設立された。

(4) Groupe Alternative：在日元コンゴ人留学生による，キンシャサのストリートチルドレン支援のNGO。

(5) Millennium Development Goals：2000年９月に，世界各国の指導者が国連ミレニアム・サミットに集まり平和，人権，民主主義，強力なガバナンス，環境の持続可能性，貧困撲滅のための国際的取り組みを強化，人間の尊厳，平等，公平の原則を推進することを公約した。このミレニアム宣言は189ヵ国が採択した。

(6) Sustainable Development Goals：2015年９月，国連総会時に開催された「国連持続可能な開発サミット」は，「2030　アジェンダ」を採択し，30年に至る17の社会・環境開発目標と，具体的な行動の目安となる169のターゲットが書き込まれた。基本となる理念は「誰も置き去りにしない」。

(7) Savings and Credit Cooperatives：貯蓄信用協同組合。

(8) WISEの「月報誌」。支援を受けた会員・関係者からの感謝の記事が掲載されている。

(9) キンシャサの特徴として例えば人が死ぬと「悪魔がついて家族を不幸にするから」と親や親族から捨てられる子どもが多い。これをWitchcraft（悪魔つき）と呼んでいる。

(10) Mission of the United Nations in the Democratic Republic of the Congo war：国際連合によるコンゴ民主共和国における第二次コンゴ戦争の停戦監視のための平和維持部隊である。

引用・参考文献

アフリカ日本協議会（AJF）『アフリカで活動する日本のNGOデータベース』2018

深尾幸市編著『ボランティア――その理論と実践』久美，2004

深尾幸市「キンシャサにおけるストリートチルドレンの現状とNGOの取り組み」『ボランティア学研究』第11号，2011，69-84

深尾幸市「アフリカにかかわる日本の国際協力NGO」『大阪青山短期大学研究紀要』第36号，2013，75-84

外務省・特定非営利活動法人国際協力NGOセンター（JANIC）『NGOデータブック2016』2016

澤村信英編『アフリカの生活世界と学校教育』明石書店，2014

重田康博『NGOの発展の軌跡――国際協力NGOの発展とその専門性』明石書店，2005

内海成治編『新版　国際協力論を学ぶ人のために』世界思想社，2016

特別寄稿

若き料理人の自己実現への道：Case 5

師（教師・先輩・雇い主）による薫化

井上 信子○いのうえ のぶこ

はじめに

三重県多気町に，一万坪の田園風景の中に新築された茅葺（かやぶき）屋根の料亭「鄙茅（ひなかや）」がある。敷地内を流れる宮川はかつて水質日本一を誇り，川面を吹きすぎる四季の風が遠来の客を迎えている。本稿の主人公，松原京介氏（以下，敬称略）は，この料亭の料理長であった。

松原は，筆者が本誌に連載報告している（井上，2018；2019a；2019b；2020）三重県立相可高等学校食物調理科の卒業生で，村林新吾教諭（村林，2008, 2010，以下，敬称略）の教え子である。松原は2005年に相可高等学校を卒業し，日本有数の老舗料亭「京都吉兆嵐山本店」で９年間修行し，2014年に弱冠28歳で「鄙茅」に料理長として迎えられ，５年後の2019年に「ミシュラン１つ星」を店にもたらし，2020年早春，独立した新進気鋭の若き料理人である。

筆者は，2017年３月14日，村林の案内で鄙茅を訪ね，昼の懐石をいただいた。

村林は教え子の料理を前に,「田舎で京都吉兆といっしょの料理が食べられる。美味しいなぁ。もう春なんやなぁ」とほんわり言った。筆者は料理と器の彩に目を凝らし,「器の中に『吉兆』がある」の言葉を心に留めた。

その後，個室で２時間半インタビュー（非構造化面接）を行い，不足の情報は後日，問い合わせた。結論から言うと，感動が大きすぎて，語られた内容を分析あるいはコメントするのは失礼と思い，インタビュー内容をテーマごとに整理するだけで，そのまま掲載することにした。なお，以下ゴシック体の部分は，自己実現にかかわる箇所である。

インタビュー

松原は，穏やかで誠実，語るほどに少年のような一途さと繊細な感受性が姿を現し，若き修行者でありアーティストであると感じた。

以下,「　」内は松原,〈　〉内は筆者の言葉である。

1）老舗，京都の嵐山『吉兆』で学びたい……………………………………

松原は1987年，伊勢市に生まれた。親族に料理関係者はいない。父親は公務員。母親は看護師。３人兄弟の中間子。「**母親が夜勤などで忙しく不在の時に料理をすると，家族みなが喜んでくれたのをうれしく覚えている**」。小・中学校時代は野球部で活躍した。「小さい頃から親に『勉強しなさい』と強く言われることはなく，**それよりも野球や新しい体験，今したいこと，今しかできないことをよくさせてもらった**」。

高校３年の新緑の頃，多くの同級生が大阪に就職を決める中，松原は京都に魅力を感じ,「古典的でより純粋な日本料理を学びたい」と思っていた。「**人と違っても自分がやりたいことをしたかった**」。そんなある日，料理本の写真から伝わってくる,「**『吉兆』の盛り付け，サイズ感，色彩感覚，器のトータル感に魅せられた**」。「当時は『吉兆』っていう看板の大きさも知らず，歴史の深さも知らなかった」。村林先生に相談すると「あそこはつてがないとまず無理だろう」と言われた。だが松原は，「納得がいかず，自分の気持ちを自分で伝えて，それでもダメならその時考えようと思い，自分で『吉兆』に電話をした」。当時の社長と面談すると良い返事がもらえ，「研修に来て，それでも自分が『ここで学びたい』と思うなら来なさい」と言われた。後日，３日間泊まり込みの研修に行き，「職人さんたちがいる現場の空気感，上下関係，仕事の流れ，一日の時間配分と動き，全部が新しくて，『まごの店』[1]でやってたけど，（吉兆の調理場で）何をしたらいいかわからなかった」。「料理を『並べといて』，野菜の『皮剥（む）いといてね』」と言われてやり，「一年先輩の方について回って，洗い物，片付け，掃除……上の人たちがお客さんに料理をスムースに出せるように，そのための身の回りのサポートをした」。「（職人さんたちと）同じ現場にいる。どういう料理が出てくるか見えるだけですごく幸せだった」。そして「『ここで学びたい』という気持ちが強くなった」。翌春，松原は伊勢から京に居を移し，「京都吉兆」の人になった。

2）「吉兆」での修行の日々 ……………………………………………………

①修行１年目：【１日の流れ】朝は，上の人より早く出て，上の人たちがいつ来てもいいようにまな板を洗い，調理場を清潔にして，前の夜にきれいにして上げて置いたお箸や調理器具を全部もとに戻して環境を整える。二番出汁（だし）は時間がかかるので火にかけておいて，市場の荷が届くとほどいて整理する。「きっちりした食材を扱う店なので，入ってきたものに対しての保存方法もきっちりする」。お昼の営業が始まるのが11時半，それが終わるのが３時４時，そこで昼御飯。夕方，客は最終７時くらいに入店。営業が終わって片付けていると「上の人たちが帰り，今は時間になると一斉に帰るシステムになったけど，当時（およそ15年前）は，その後に，遅れてできなかった自分の１年生の仕事，調味料，お箸，備品の在庫チェック，整理整頓，発注，管理もきっちりしないといけなかった」。

【新しい仕事をください】「営業の時間はできる限り上の人のサポートをしないといけない」。「人がいない時に，人が休んでる時に（自分の仕事は）こなして，上の人が来た時に自分の仕事を全部終わらせていないことには『新しい仕事をください』って言える立場じゃない」。「自分としては一日でも早く，仕事を一つでもしたいとがむしゃらに，朝も誰よりも早く一番に店に行って，当時の同期たちと切磋琢磨した。別に誰に何時に来いと言われないけど，当時すごくお店も忙しかったので，なんも言わなくても上の人もやっぱり朝は早かった」。

【追廻（おいまわし）と見て盗む】〈上の人のサポートとは？〉「調理場には基本的に4つの部署，八寸場，焼き物，お造り，煮方があって，そのどこかで追廻って言うんですけど，仕込みの手伝いをする。材料や特殊な器具の用意，仕込み，終わったら片づける。仕込みをさせていただくことによって，手順がわかり，一つひとつのことをしっかり覚えていく。それを覚えないことには自分が上になった時に指示ができない」。「できるだけ（上の人の）近くにいて，上の人が動きやすい環境を整えようとして，目配り気配りする。誰も細かく言わない。見て盗めということです。これがのちにお客様に良いものを出すためにとても生きてくる」。

【一年目の仕事】「大多数を占めるのは洗い物。洗って，もとに戻すだけで結構な時間がかかる。基本的に『何々取ってこい』とか，『冷蔵庫の何々持って来い』とか，営業が始まって忙しい時にメインの料理人がわざわざ物を取りに行くと，料理が出るのが一手二手遅れる。現場はすごく忙しくて，もう本当に戦場なので，その中でそういう方が抜けると皆の動きが変わって求めるものが出ない原因になる」。具材をどうやって渡すかも考えなければいけない。一年目の子が普通に頼まれた野菜を持っていっても，「『持ってこいって言ったら使うんやで。皮剥いてくるに決まっとるやろ。そこまで考えろよ』って。普通の人は持ってくだけです。言われたことの二手先までを読んで動けるか動けないかで，その人が料理に対してどれだけ考えてるか。同じことを毎回失敗する人もいれば，それを一回で克服して絶対失敗しない人もいる。上の人が誰かを怒っているのを見て，自分の時は（怒られないようにするかで），どれだけ意識して目を配って（仕事）してるか」がわかる。

【みなで客様に全(まっと)うする】「現場で，皆がひとつのものに対して，『お客様に満足して帰ってもらう，また来ていただくためにお客様が，どういう背景や思いで見えるんだろう』という所から，皆，同じ所を目指して（真心を）発しているんですよ。部署が違えど皆自分の仕事をきっちりこなして，女性は女性でサービスでお客様に対して全(まっと)うして，お客様の会話の中で『いい誕生日やったね』と聞けば『お誕生日みたいです』って伝えて，調理場で赤飯を作って『ほんの心ばかりですが』と言ってお出しする。こう皆，同じ方向向いて必死に熱く本気でやっているのは，心打たれるものがあったというか。当時，小僧で現場にいてもそれを皆で共有し合えてるというのは吉兆の素晴らしい所です」。

【１年先輩から学ぶ「心がけ」】松原が１年目で得たもうひとつの大事なこと，それはひとつ上の人（先輩）との出会いであった。「料理長までいてる中で，一個上の人が仕事中も私生活も一番身近にいるから，その人にだいぶ左右される部分もあります。その方がすごくやる気に満ち溢れて『なんでも吸収しよう』っていう方だったら，自ずと下も『僕もついていかせてください。頑張ります』って切磋琢磨していける。でも極端な話，その人が何もしない怠け者で『それが普通なんだ』という所からスタートしてしまえば，それを軸にしていくからそこから上がるのは難しい」。「初めモラルの低い人の下についても分からないけど，（そのあと）たまたま高い人のとこについたら，なんていうか……」。〈比較して。見えてきますね〉「はい。その一番の判断の基準とか考える基準になるのが，やっぱり１年目の時とか１番初めに就職した会社の考え。それはすごく大きい。なので，僕が，人間関係がしっかりして，会社がきっちりしている『吉兆』さんに入って，あとになって気づくんですけど，18（歳）で右も左も分からないまま入社して，『吉兆』さんで良かったなあって。たくさんの人と接して，いろんな現場を見れば見るほどそう思いますね」。「５年目でも10年目でもいつになっても。常にこう（下の人にとっての）鏡でないといけないというか」。

「上の人は技術や食材を大事に，を教えてくれる。でも『心がけ』の部分は良い先輩に巡り会ってその人のもとで。けれど，どんなにいい人に巡り会えても自分の気持ちがしっかりしてないと，どんなに良いことを言ってくれても思いが響かない」。

【運を掴む】「誰が見ても分かるんです。仕事に対する姿勢とかお客さんに対する思いがしっかりしてると，年数関係なく上の方って『こいつに教えた方が，呑み込みが早いな』とか，『こいつは本当にやる気があるんだな』とか，すると，より可愛がってくれる。すべて自分が仕事に真摯に向き合って『もっと伸びてやろう』という思いがないと。だからいい人に恵まれるのも，皆チャンスは平等にある。運が来ないんじゃなくて，自分がその運を掴めてないような気がするんです。上下が厳しくて，同期も多くてライバルが多い会社に入ったから『自分が生き残っていくためには』とか，『一日でも早くたくさんの仕事を覚えて，一日でも早く，当時は会社の社長，料理長に認めてもらって一人前にできるようになろう』と思って一生懸命やっていた」。

②修行２年目:【包丁と１年生の世話】「２年目になれば包丁や火を使う小さな仕込みや仕事が少しずつ増えて，それと１年生の面倒です。１年生の子をしっかり育成・面倒できなければ，下ができないのは上の教え方が悪いとも言われかねない。結局その人たちがミスしても尻拭くのは２年生３年生になります。１年生の時はがむしゃらに動いてればいいけど，２年目・３年目になり下が増えてくることによって，上のサポートもして，かつ，下はしっかり見てるから，半端な仕事をしちゃいけないよ，とそういうことなんです」。〈モデルですね〉「そうですね。そこで下に舐められたらそれまでです。『この人はここまでなんだ』，『この人が求める仕事はここまでなんだ』となってしまう」。

【下足番と敷地の管理】〈２年生の仕事は？〉「その頃に，玄関番といって下足番に出る。お客さんがみえた時に迎え入れて，お履きものを片づけたり磨いたり」。〈磨くんですか？〉「雨や雪やったりとか。あと，お客さんを迎え入れるための準備ですね。『吉兆』の敷地内を基本的に下足番が管理する。雑草，落ち葉，竹細工。青竹のものは，常に青竹であるように二次管理して，打ち水して，お迎えして。お客様が食事されて帰るまでの準備をして，しっかり見送る。竹を取ってきて竹で箸を作り，庭師さんからいろんなことを教えてもらって学ぶ」。「敷地内の維持を２年目にしたので，調理場に戻るようになると『よし，（料理）やってやろう』みたいな気持ちも強くなりますね」。

③修行３年目から９年目:【料理修行】「３年目から順番に，八寸場に行き，焼き場，お造り，煮方に行って，その部署でできる仕事から一つずつ教えてもらい覚えていく。大体最後はみな煮方なんです。それが多くの料理屋の一般的な形だと思うんです。でも嵐山『吉兆』は15年いて，一つの部署に15年ずーっといる人もいれば，10年くらいで，大体２年２年２年２年くらいの周期で，タイミングよく渡っていく人もいるんです」。〈それは本人の主体性でできるのですか？〉「いろんな背景があるんです。タイミングよくいろんな所を均等に教えてもらう人もいれば，（ひとつの部署に）行ってずーっとそこにいる人もいますし，それぞれなんです」。〈松原さんは？〉「一応，在籍中に，全部回れたんですよ」。〈それは上の方に可愛がられて？〉「いやあ自分では分からないです。基本的に，若主人と料理長の判断です。タイミングとか運もあるんです。でも常に与えられた仕事をきっちりこなして，いつでも手を挙げて『やらせてください』って，いつでも次に行ける態勢を見せてないことには，『お前やれそうやけこっちくるか』ともならない。それはやっぱり日々の積み重ねですね。そういうのを含めてのタイミングとか運。自分でアピールしないといけないので」。「調理人が15～16人いて，待っていてもなかなか（チャンスを）掴めないので」。

【若年層の離職】〈同期は何人？〉「僕の時は調理場３人だったけど。２年目には２人ともいなかったですね」。〈理由は？〉「辞める時は，ちゃんと言って辞める子もいれば，次の日からいなくなっている子もいます」。一般的に，離職の理由は，拘束時間の長さ，厳しい上下関係，リズムについていけないなどである（井上，2020，pp.169-170）。「周りから見ると『いや我慢できなかっただけでしょ』と。でもいろいろあっても，やりたくない気持ちの子が現場にいて無理矢理やってるよりはいい。その子の人生にとってももったいないですよね，その時間」。〈村林先生も離職が多いと〉「僕も高校の同級生，続けている人は少ないです」。「給食センターに行ったり。なかなかフルタイムで現場は難しいですよね」。

④旅立ち：【故郷で店を持ちたい】〈4つの部署を一巡するのに9年かかられた？〉「本当は一般的な修行年数で言うと9年は短いかもしれません」。「僕は始めた時から三重県に帰ってやりたかったので，純粋に『いつになったら自分で』，『このままだったらどうなんだろう』と考えるようになって。そういう気持ちもあったのも事実です」。〈そう考え始めたのは？〉「高校生になり意識が高くなった頃から，故郷が好きで，そこで育ってきて，たくさんの人に支えられてきたので，その地で開店して地域貢献していきたい」と思うようになり，そのため「2，3年くらい考えていたかもしれません」と述懐した。

【吉兆のお茶事と真心】「『吉兆』でお茶事をずっと一緒にやらせてもらってたんですけど，『吉兆』でお茶事を学ぶ，学ばせてもらうことの有り難さとか，大切さをすごく感じていました。お茶事って深いんです。あの狭い空間（お茶室）の中でお客さんとの一対一の真剣勝負の感じなんです。そういう緊張感の中，本当にそのために，その本当に，本当にその気持ちですよね。お客さんに対しての。若主人とか大将が，『どうしよう，どうしようか』『いや，やっぱりこうしたほうがいい』と悩んで悩んでして，を間近で見ながら，そのお茶事をしてると……，なんて言ったらいいのか分からない，客への気持ち，思いが見えてくるんです。『吉兆』でのお茶事から離れるのも嫌だったので，なんか本当にあの大事な部分。働いてる気持ちの中でもモチベーション的にもすごく大事な部分，なので離れるのも嫌だったので，いつか『自分でやりたいと思う部分』と『ここでまだ修行していたい』と思う部分と少し葛藤していました。でも最終的には自分でしたい思いの方が強く残った。『吉兆』さんにずっといらっしゃる，骨を埋める，この会社を愛してるという人もたくさんいます。でも，そういう方もいて，つなげていって，（そう）できる方も絶対に必要なんです」。

【「鄙茅」への転職の決め手】「ずっと悩んでた時に，ここの社長からお話をいただいて。僕はこっちに帰ってきて，自分の店をやりたいっていう夢があって。偉そうな言い方かもしれないけど，自分の思う店をして，『微力ながらでも，三重県の食文化レベルの向上とか，食育に携われたらな』とずっと思っていた」。そんな中，「鄙茅の社長からお話をいただいて。そのとき社長が自身の夢とこの店に対する思いを語ってくれて。それに対する社長の取り組みは，もう 20年以上かかってこの土地を探し求めて成し遂げた。そういう思いを聞いた時に，なんていうんですかね，僕は僕で夢があるけどこれだけ必要としてくれている人がいるんだったら，ここに来て一(いち)からするのも僕の勉強にもなるし。少しでも力になれるのであれば，夢に対する思いが強くて，志のある方と一緒にここにいるうちは，お互いが求めるいいものを求めながら，ともに仕事できたらそれは幸せかなと思ってここに」。振り返って，吉兆さんから学んだことは「美学・対人関係・仕事に対する意識，お客様一人ひとりへの思いと姿勢・茶道・知識・日本文化の歴史など。挙げるときりがないけれど，これらは今になってよく思います」。

3）料理とは？：【料理人は人間性】……………………………………………

〈料理っていったい何でしょうね？〉「なんですかねえ。僕の場合は，和食，四季があって，器もあって」。〈今日，お昼の懐石に感動しました。もう春が来るんだなあって〉「そうですね。周りの景色とかシチュエーションと，そういうすべて。せっかくこの店に来ていただいて，入った時から帰るまでのこのすべてのプロデュースというか。こちらの思いの表現だと思うんですよ。『離れ』だと，季節のお花と，季節のお軸，その日たまたまお客さんがお祝いって聞いてたら，その，お祝いにちなんだお軸を掛けたり」。「茶の世界に通ずる部分は，とても強いと思う。一期一会のひとつなので，料理人は，僕はもうその人の人間性だと思ってるんです。何をもって人間性っていうかは難しいんですけど。例えば，その日までに長い年月かけて修行してきた自分の知識と技術，お稽古通いしてしっかり身につけたお茶，お花。お軸とか器とかすべての知識，それを踏まえた上で，じゃあ明日のお客さんにこういう献立にしようとなって，材料仕入れに行って，この材料なかったからこうしようかって現場の皆とのコミュニケーションを深めて，すべてのトータルの最終の到達点が，今日のお客さんが来てくれてのスタート，始まりだと思うんです。で，満足して帰ってもらうために，あとはその最善を尽くしてサービスしたりなので，もう本当に，やり始めてから終わりはないです。でも，だからすごくやりがいを感じるというか，挑戦していたいと思う」。「修行し始めて，稽古に習い始めてから，日々成長，今日があってまた明日があってという形なので。せっかく毎日を続けるなら，本気でやってないと。若い頃，京都にいる頃，週一回の自分の休みの日に，（ぐっと歯を食いしばって）いつか自分のことになるだろうと思って，お茶とお花の稽古にずっと行ってました。稽古に行く人もいれば行かない人もいます。誰にやれって言われる訳でもないんですけど。そういう所から料理とは本当にその人の人間性とか，そういうのの全てを含めたものなのだな，と思うんです」。

【一番怖いこと】「お客さんに何もこちらの思いが伝わらなかったり，不具合が生じたりしたらもうその次はないかもしれないですからね。そういう怖さは常にあります」。〈信頼が崩れてしまうのは早いですね〉「でも一番怖いのは，自分がその気持ちを失うことです。努力する気持ちとか，どうやってしたらより喜んでもらえるだろうとか，急にそのとき献立を変えることは，仕事の中では一緒に働いてるスタッフとかサービスの方にも負担。でも，結局，見つめてる先は『お客様に喜んでもらうためにはどうしようか』ということなので，それをもう自分ができなくなったり，現場のスタッフとそういうのを共有しなくなった時の方がその店としての問題だと思う」。

4）なぜ料理人になったか

【軽い気持ち】〈料理人を選ばれたのは？〉「うーん，あんまり言いたくないんですけどね」松原は恥ずかしそうにうつむいた。「中学校から高校に上がる時に普通科に行って普通の勉強はしたくないと思った」。専門学科に行って在学中に料理も教えてもらい，（調理師）免許も取れたらラッキーと，そんな軽い気持ちで」。「でも入ったら，相可高校には思いが強い子が多かった。中学校からしっかり夢もって，その皆の思いの強さにびっくりして。僕は包丁をまだぜんぜん使えなかった。皆は普通にぽんぽん使える。『やばいな。このままじゃ負けるなっていうか，置いて行かれるな』と思って。単純に負けず嫌いなので，そこでスイッチが入った。負けたくないというか，やるからには。2年生，3年生は現場の経験年数も長く，すごく大人に，大きく見えて『高校生じゃないな。すごいな』みたいな感じで，自分も3年生になったら『そこで先頭きってやっていたいな』と思った。『あの先輩に聞くよりこっちの先輩の方がいいよ』って言われる立場でいたいなって。まあかっこつけたいじゃないですか」。「だからクラスメイトが皆だらーんとした普通の生徒だったら，僕もそのまま終わってたと思うんです。なので，意識の高いクラスメイトに恵まれたのもあったと思います。それから毎日，家に帰ってから，きゅうりの刻みもんとかキャベツの千切り，大根の桂剥きとか。親に頼んで，魚を買ってもらって家でおろす練習をしていた。当時はきゅうり一本切るのも必死だったので練習しましたね」。

【旬の料理を伝えて遺す】「いまも本当にどこ行っても知らないことが多い。常に何か勉強できる環境にいるのは飽きなくていい」。〈料理創造の工夫は？〉「料理・美術・芸術の本は常に見ます。美術館には頻繁に行き，洋画でもきれいな部分，形，色，空間はよく見ます。料理人仲間の話から膨らませたり，家にいても運転していても気づいたら考えています」。さらに「季節の旬の料理は文化的な背景にちなんで伝えるだけでなく，遺していかねばならない」と語り，「自分好きでやっているだけ」とはにかんだ。そして人生の節目節目でご両親に相談すると「いつも自分のやりたいことなら，一生懸命にしなさい，応援するという声が返ってきた」とからだの雰囲気が和らいだ。

5）恩師，村林先生から学んだこと ……………………………………………

【真剣に向き合う姿勢】〈村林先生から学んだことは？〉「姿勢です。料理に対して，生徒一人一人に対して真剣に向き合ってる，すべてに対しての姿勢。手を抜かずに真摯に真面目に向き合っての，あの先生がある。いろんな活動されて，周りにたくさんの人がついて，世間から必要とされて，卒業生から慕われて，今でも必要とされて，それは先生のいろんなことに対する姿勢だと思います。人間性とかあると思うんですけど，あの思いと気持ち，なかなか何年も続けられないですよね」。基本的には高校は通過点であるのに，村林が生徒に真剣に向き合い続けることに松原は感銘を受けていた。

【まごの店と思い】〈まごの店と吉兆さんのギャップはどこに？〉「すべてにおいての制度と，現場の緊張感。それに対する本気度でしょうね。学生の頃は学生の頃で本気でやってるんですけど，違います」。「超一流の所で，超一流を支えている人たちの，現場の雰囲気と，学生の空気感はやっぱり違います」。「吉兆はどんなに小さな仕事一つひとつ見ても，基準や決まりがしっかりとあり，皆の意識が高い」。〈もし『まごの店』がなくて吉兆さんに行ったとしたら？〉「『まごの店』がなかったら，料理に対してもそこまでやれてたのかな？高校の時も朝早い時間から行って，休みの日に働いて。それは結局，みんな自分磨きのため。その大部分を占めていたのが当時『まごの店』だった。お客さんの前での現場がなくて，普通に学校での調理実習だけだったら，（吉兆に行っても）『違う，違う』と思っただけかもしれない」。「当時，普通の高校生よりも心得て，料理もできていたつもりなので普通の高校生だったら『吉兆』に行っても，考えていることが違いすぎて何とも思わないんじゃないですかね。思いがないと響いてこないので」。

【まごの店で得たもの】「料理させてもらう場をもらい，その中でその楽しさを教えてもらった。皆がしたくない仕事もあります。華やかに見える部分だけじゃないのも，やったら分かります。その中でこなして，お客さんが『おいしかったよー』とか言って（くれて），楽しみとか喜びを教えてもらう場でもありました」。〈村林先生に叱られたことは？〉「いつも『本番に弱いな』って言われていました。緊張しいだからですかね」。〈その時どう思われました？〉「『くっそー』と。いま思えば，準備不足です，ただの。あんまり褒められた記憶はないですね（笑）」だが，高校時代全体はまあ大満足とのことであった。〈どこが一番満足な点ですか？〉「皆で頑張って，前向いてやったことは，結局，その後に繋がっています。すごくいい時間だったなと思います」。〈相可高校に行ったことで，自分を見つめたことは？〉「相可高校在学中も吉兆行ってからも，そのブランド力でちやほやされた。でもそこを出た時に何も残ってないのは嫌だったので，それに伴った実力がないと，逆に名乗るのが恥ずかしいと思っていたので，そうならないよう常に心掛けていた」。

6）料理長として人を育てる ……………………………………………………

【伸びる子】鄙茅の調理場は料理長を含めて４人。〈今，料理長としてこの子は伸びるか否か，その辺の目利きは？〉「よく見て，よく考えて，同じミスをしない，２回目同じミスしないのもよく考えている証拠だと思う。ミスを事前に防ぐためによく見てというのも必要です。よく考えて一生懸命動く。そういう子はエネルギッシュで活力があって気持ちも満ちていると思う。吸収も速いし，伸びるのも速い。一つのことを行っても2回目3回目4回目5回目と，それが 10回20回と普通に当たり前にできてくるようになるとその子にもその仕事を任せるようになります。そういうことの積み重ねだと思う。何も指示されてない時も，『みんなはどうしてるかな』『どうやるのかな』とか，『何か，何か』っていう獲物を狙う目つき」。〈まさに技を盗むということですね〉「そうです。そういう子は伸びると思います」。

【人間性による感化】〈伸ばすのが難しい点は？〉「伸ばすのが難しいというよりも，こっちの考えを共有してもらうことの方が大事かなと思って伝えるようにします。その子がこっちに対して『この人と一緒に頑張ろう』とか，すごく魅力を感じるから『この人みたいになりたい』と思えば，自然とその人の仕事を見て盗んでそうすると思う」。「だから『共有して，理解してくれてるかな。そうでないならどうやって伝えようかな』という方を思います」。〈その『共有』のための工夫は？　憧れの存在，実力があること，それ以外に何か？〉「僕はそれこそ本当にもう，仕事外仕事内関係なく，『人としてその人はどうなのかな』というとこだと思う。相性もあると思いますけど」。

【ゼロにして，行く】〈村林先生から後輩に教えてあげてほしいこと，振り返ってどうですか？〉「僕は『吉兆』に入る時，先生から『日本のトップの所に行くんだったら，ここで学んだことは心の中にしまっておきなさい』と言われたんです。自分が今持ってる知識や技術なんて所詮やし，それは一流の所に行って人から教えてもらうのに，成長を伸ばすのには邪魔なものだと。何でも素直に一から教えてくださいってことです。『あ，それ知ってます』は可愛くないから，仕事回ってこないよ。だから『全部をゼロにして行けよ。今お前が持っているのはお前の引き出しに黙ってしまっとけ。吉兆に行くんやったらそれくらいの覚悟がないとだめだぞ』と言われたので『分かりました。それを心得て行きます』って。あとになって『確かにな』と思うので。卒業式に皆に言ってあげたら響く子には響くと思います」。「それだけはずっと忘れられないですね」。

【「情」と「夢」】〈かわいがられることがどれほど重要かですね〉「結局は仕事するのも何にせよ，対人間ですもんね。人が良くないと仕事来ないですもんね」。〈しかも理性じゃなくて，情ですよね。『可愛い』と思うのは情ですね〉「そうですね。結局は。でも我々はサービス業なのでそれでしかないですよ。技量も必要ですけど，お客さんからの情とか思いもないと。同じ値段で満足度だったら『どっち行こうかな？』となった時に選んでいただけない。『そこのサービスは一生懸命で気持ちいい形で最後まで見送りだしてくれるから』というのも情ですよね」。〈『あの大将の所に行きたい』と思ってもらえるかは大きいですね〉「そうですね。まあ常連様ってそういうものですよ」。〈料理長の夢は？〉「地元の伊勢で誇れる店を持ちたいですね」。〈「誇れる」の意味は？〉「美意識にすぐれ，無駄がなく，空気の濁りのない店。自分の思いがしっかり反映されている店」であった。

この3年後の2020年3月，松原は三重県伊勢市に日本料理店「伊勢　三玄」という城を築き，「夢」を実現した。一城の主となったからには，客をして「器の中に『三玄』がある」と言わしめねばならない。闘いは，始まったばかりである。

筆者の連想

「才能や能力，潜在能力などを十分に用い，……自分のなしうる最善を尽くしている」(マズロー，1970)。これは自己実現者の特徴のひとつであり，本インタビューイーの姿でもあった。だが，マズローの自己実現者の研究対象に職人はいない。「それ自体を目的としておこなうという欲求が何年，何十年の年月をかけて人の経験の中に根を張っていく……のが職人技の意味である」。「それ自体を目的として行うことによってしか，人々は自分自身を生活に固定できないのである」(セネット，2008，p.197，199)。人生そして生活に，深く根を張って，生き甲斐に満ちている職人の自己実現を，深く見つめていくのが引き続きの筆者の課題である。

「好きなだけ」の料理の「知識と技」を一つひとつしっかり，きっちり積み重ね，「精神と身体の統制力」をもって無我夢中で専心し，本インタビューイーは自らの城を築いた。子どもの主体性を尊重する親，仕事への溢れんばかりの情熱，すなわち「やり抜く力」(ダックワース，2016) の要因に加え，本インタビューイーには，①尊敬しうる師（教師，先輩，雇い主）との出会い，②師たちが自分を「見ていて，認めてくれる」と「信じ切る力」，③その関係の中で起こる薫化（やがて本インタビューイーが「感化の教育」として継承する)，④唯一の目的に向かい，皆がひとつになって「全うする経験」，⑤青年の志を高める「感謝の心」，があった。

日本には江戸時代から寺子屋があり，その中心に師匠がいた。師匠は手習いを教えるだけでなく，身をもって弟子たちを薫化していたのである（石川，1978)。そこに日本の教育の大きな特色がある。

そして，人育ては，子どもを「見る」ことから始まる。西洋料理界でホテルの総料理長として多くの若き料理人を育てた木沢（2019）は，「初心者グループは，全部のすぐ上のグループにウォッチされたことになる。そして全体もまた，彼らを見ている」(kindle，位置735)。「全体のほうは，初心者グループにたいしては，その手先よりも，その人の感受性とか，素質の特性とか，頭のなかみを推しはかっている。また，すぐ上のグループにたいしては，いままで，彼らがなにを習得してきたか，教えることができるかどうか，つまり技術とともに，頭の思考回路とか，感情のコントロールとか，知識の裏づけを，見ているわけです」(kindle，位置737)。つまり，本インタビューイーが『吉兆』の１年次，先輩の追廻をしながら「心がけ」を教えられていた頃，さらに２年次に１年生の面倒を見ていた頃，(彼らは）調理場全体から，かように見られていたということである。それは大将や料理長が若き料理人の資質を見極め，適材適所に置き，その成長を援助するためであろう。この，一人ひとりの資質を見抜く（仮説）という視点が現在の学校教育に欠落しているように思われる。自己実現の「導き」への第一歩は「見る」ことから始まるのである。

注

(1) 「まごの店」は，高校で学んだ知識を自分の血肉とするための実践の場で，土・日・祝日のみ営業で，調理，接客，販売，経理などすべて相可高校調理クラブの高校生たちが担っている。

参考文献

Duckworth, A. "*Grit: The power of passion and perseverance*", Scribner, 2016（アンジェラ・ダックワース，神崎朗子訳『GRIT やり抜く力』ダイヤモンド社，2016）

井上信子「高校生料理人たちの自己実現への道：Case1（高校１年生）――喜びの源泉たる『学び』と自己調整学習」梶田叡一責任編集・日本人間教育学会編『教育フォーラム62』金子書房，2018

井上信子「高校生料理人たちの自己実現への道：Case2（高校２年生）――中学・高校の『部活』で積み上げる『知性』と『自己彫刻』」梶田叡一責任編集・日本人間教育学会編『教育フォーラム63』金子書房，2019a

井上信子「高校生料理人たちの自己実現への道：Case3（高校３年生）――国内・海外研修で得た『知足』『感謝』『生き抜く力』」梶田叡一責任編集・日本人間教育学会編『教育フォーラム64』金子書房，2019b

井上信子「高校生料理人たちの自己実現への道：Case4―反抗から『ミシュラン2ツ星』店へ，学校か

ら社会への橋渡し」梶田叡一責任編集・日本人間教育学会編『教育フォーラム65』金子書房，2020，169-170

石川松太郎『藩校と寺子屋』教育社，1978

木沢武男『若き料理人へ—料理人と仕事』morris company co. ltd, Kindle版, 2019，位置735，737

Maslaw, A. H. "*Motivation and personality.*" 2nd Ed. New York: Joanna Cotler Books, 1970（マズロー, A. H., 小口忠彦訳『改訂新版　人間性の心理学――モチベーションとパーソナリティ』産業能率大学出版部 1987）

村林新吾『高校生レストラン，本日も満席。』伊勢新聞社，2008

村林新吾『高校生レストラン，行列の理由。』伊勢新聞社，2010

リチャード・セネット，森田典正訳『不安な経済/漂流する個人――新しい資本主義の労働・消費文化』大月書店，2008

謝辞

真摯に誠実にインタビューに臨んでくださり，静かな感動を与えてくださいました松原京介様に心より感謝申し上げます。ご尊父（「鄙茅」取締役社長）の長年の夢について熱く語ってくださいました茶谷公隆様（(株）うおすけ，常務取締役）に厚くお礼申し上げます。また，徳岡邦夫様（京都吉兆総料理長）に，伝統に裏打ちされた老舗の職人教育の公表に関するご許可をいただきました。記して感謝いたします。筆者の研究の主旨を深くご理解くださり，学校への調査をお許しくださいました三重県立相可高等学校の森山隆弘校長先生，横井敏昌教頭先生，また，筆者の拙稿に的確なコメントをくださいました奥田清子科長先生に厚くお礼申し上げます。最後に，命懸けで，高校生料理人を育てておられる村林新吾先生に心からの敬意と感謝を表します。ありがとうございました。

なお，新型コロナウイルスの影響を受け，本調査は，ここで一旦閉じることといたします。

あとがき

OECDのPISA国際学習到達度調査（2018年実施）で日本の子どもたちの「読解力」の成績が振るわなかったとの発表に，教育関係者の多くは驚きを持ったのではないだろうか。2003年の「PISAショック」の時にいろいろと議論され，その後の２回の学習指導要領改訂でもこの点での配慮がなされ，また学校現場でも「読解力」「思考力」の育成を念頭に置いた授業改善の取組みがなされつつある，との印象があったのに，である。

今回発表の「PISA2018」では，中国（北京・上海・江蘇・浙江）の子どもたちが「読解力」でも「数学的リテラシー」でも「科学的リテラシー」でも第１位，３領域ともに第２位はシンガポール，第３位はマカオであった。日本は「読解力」で第15位，「数学力」で第６位，「科学力」で第５位である。なお，「PISAショック」の時期に世界第１位としてクローズアップされたフィンランドは，「読解力」でも他の２領域でも，日本より順位が下になっている。

中国もシンガポールもマカオも，基本的に儒学的伝統の上に立ちながら，欧米文化の取り入れが日本以上に濃厚な国・地域である。特に上海には私自身も何度か訪れ，華東師範大学の教育研究者たちと懇談を重ね，一緒に幾つかの学校の授業を参観している。基本的には日本の授業と似た展開ながらも，教師からの鋭い発問，キーワードの理解の重視，読むこと書くことの徹底，古典の暗唱など，思い起こすところが少なくない。

この特集では執筆者の方々に，あらためて「読解力」「思考力」育成の課題について，それぞれの視点・立場から考察し，提言していただいている。この『教育フォーラム』誌で過去何度か取り上げられた関連テーマでの論考とも合わせて考えてみていただければ，と思う。

2020年の早春から初夏にかけて，新型コロナウィルス感染症の大騒動が小学校から大学にまで及び，休校や遠隔授業を余儀なくされるなど，大変な時期であった。そうした中で本誌に多彩な原稿をお寄せいただいた執筆者の方々に心から感謝したい。

（梶田叡一）

日本人間教育学会News

日本人間教育学会は，会員の皆様，また，その趣旨にご賛同いただける方々のご協力をいただき，６年目を迎えました。この間，学会員の増加に伴い，研究誌『教育フォーラム』および学会誌『人間教育学研究』に多くの論文をご寄稿いただいております。今後も，人間教育学の学術的な発展と，その教育実践がさらに充実していくことと考えます。引き続き，皆様のご支援をよろしくお願い申し上げます。

１．第６回年次大会の開催中止について

令和２年度は，新型コロナウイルスの世界的な流行という危機に見舞われました。新型コロナウイルスで亡くなられた方々に謹んでお悔やみを申し上げますとともに，被患された皆様に心よりお見舞い申し上げます。また，被患された皆様の早期回復と感染拡大の早期収束を心よりお祈り申し上げます。

政府による緊急事態宣言は５月25日に解除されましたが，その後，東京での感染者数が高止まりするなど，感染流行の第２波が到来する危険性が指摘されております。今般の事情を鑑み，拡大幹事会を重ねて参りましたが，すでに会員の皆様にお伝えした通り，今冬に開催予定で準備を進めてきた本学会６回大会は中止することとなりました。なにとぞ，ご理解のほど，お願い申し上げます。

２．学会誌『人間教育学研究』第７号　投稿申し込みについて

年次大会は中止となりましたが，学会誌『人間教育学研究』は，本年度も発刊を予定しております。新型コロナウイルスの影響下ではありますが研究・教育実践について議論する場として，皆様の投稿をお待ちしております。以下に，本年度の投稿手順をお示しいたします。

① 投稿原稿提出期限

原稿の提出は令和２年10月１日（木）とさせていただきます。提出期限を超過して提出された原稿は，原則として受理できません。編集委員会がメールを受信した日付を，投稿受付日とします。

② 送付物および送付先

日本人間教育学会ホームページにて，投稿申込書，投稿前チェックリスト，原稿ファイルをまとめていただき，人間教育学研究編集委員会の下記メールアドレスまでお送りください。

原稿送付先: ningenkyouiku@gmail.com

③発刊予定日

本年度の発刊は，令和３年２月下旬を予定しております。期限内での発刊のため，査読結果の修正等にご協力をお願いいたします。

原稿ファイルは，本文ファイル（所属機関有り，無しの２種），図表ファイル（所属機関無しの１種）に分け，それぞれ，PDF と WORD の両ファイルで計６ファイルをメール添付で，ご送付ください。また，執筆にあたっては，本学会ホームページ（https://www.ningenkyoiku.org/）の投稿要領を必ずご参照ください。投稿要領指定の書式以外で投稿された場合，投稿論文を不受理とし，原稿を差し戻させていただく場合がありますのでご注意ください。

ご投稿の際のご質問は，上記メールアドレスか，学会事務局（桃山学院教育大学，072-288-6655㈹　担当：宮坂・高木）までお電話にてご連絡ください。

（文責：高木悠哉）

日本人間教育学会入会の呼びかけ

この度，人間としての真の成長を願う「人間教育」の実現を目指す教育研究を推進するために，日本人間教育学会を発足することとなりました。

「人間教育」の理想は，子どもたちと教育者双方の人間的な成長を視野に入れた理論と実践の対話によって実現するものであると考えています。この方向での研究は，これまで教育学，教育哲学，教育心理学，教育社会学，教育実践学等々の専門分野で行われてきましたが，本学会は学際的にこうした諸研究の統合的発展を目指していきたいと願っています。

「人間教育」の理想の実現のために本学会は，子どもたちの学力保障と成長保障の両全を目指すと共に，教育者自身のあり方も問いたいと考えています。このことは，師弟関係における師たるものの生き方，あり方を根本的な意味で重視するものであり，教育者自身の人間的な面での研鑽を目指すことでもあります。

日本の教育は，常に厳しい教育的課題と向き合い，それに真摯に取り組む中で進んできました。そうした中で，ときに日本の学校，教師は，時々の教育的課題や教育の流行に翻弄されることもありましたが，私たち日本人間教育学会は，教育の万古不易の面を強く意識し，一時の流行に流されることのない主体的思考を堅持して教育課題や教育問題を考えていきたいと願っています。日本人間教育学会は，複雑で重要な教育問題，教育的課題ほど，単一の正解はないという教育の特質を踏まえ，この国の未来が教育の中にこそあるという熱い思いを堅持し，学校，教師の疑問や悩みと真剣に向き合う学会として進んでいく決意をしています。そのため，学校と教室における教育成果にこだわり，教育学研究を基礎研究から重視することと共に，研究者と実践者の対話，コラボレーションによる授業提案や日本の教育に求められる実践，取組の提案も重視します。

このような本学会の趣旨に賛同し，共に自身を謙虚に磨く決意に満ちた教師，大学教員の方々に広く入会を呼びかけます。

みなさん，日本人間教育学会に入会し，教育のあり方の根本に思いをいたし，研究者として，また教育者として，共に自らの人間性を磨き合っていこうではありませんか。

日本人間教育学会【呼びかけ人】(所属等は2015年度のもの)

呼びかけ人代表　梶田　叡一（奈良学園大学長／元兵庫教育大学長）
幹事長　鎌田首治朗（奈良学園大学教授）

浅田　　匡（早稲田大学教授）
五百住　満（関西学院大学教授）
伊﨑　一夫（奈良学園大学教授）
太田総二郎（創価学園創価教育研究所長）
大谷　武彦（ＥＲＰ代表／元東京書籍編集局長）
加藤　　明（関西福祉大学長）
金山　憲正（奈良学園大学教授）
木原　俊行（大阪教育大学教授）
杉浦　　健（近畿大学教授）
住本　克彦（新見公立短期大学教授）
善野八千子（奈良学園大学教授）
高木　　章（元尼崎市立小学校長）
中島　章夫（元文部省審議官／元科学技術庁政務次官）
中洌　正堯（元兵庫教育大学長）
中間　玲子（兵庫教育大学教授）
中村　　哲（関西学院大学教授）
成山　治彦（立命館小学校・中学校・高等学校長）
西辻　正副（奈良学園大学統括副学長／元文部科学省主任視学官）
比嘉　　悟（芦屋大学長）
古川　　治（甲南大学教授）
前田　洋一（鳴門教育大学教授）
松田　智子（奈良学園大学教授）
溝上　慎一（京都大学教授）
八木　成和（四天王寺大学教授）
湯峯　　裕（大阪府立春日丘高等学校長）
横須賀　薫（十文字学園女子大学長／元宮城教育大学長）
吉田　明史（奈良学園大学副学長／元奈良教育大学教授）
渡邉規矩郎（奈良学園大学教授／日本教育新聞社顧問）
渡邉　　満（岡山大学教授）

日本人間教育学会　入会申込書

※会員番号						

申込日　　　年　　月　　日　　　　　　　　　　　　※幹事会記入欄

会員種別*	正会員　・　学生会員	入会年度	年度

	姓（Last name）					名（First name & Middle name）		
名　前						印		
名前（カナ）								
名前（英字）								
生年月日	西暦	年		月		日	性　別*	男　・　女
連絡先*	所属　・　自宅					＊会員種別・性別・連絡先は該当するものを○で囲んでください ＊連絡先は、会報等の送付先となります		

◆所属先◆

名称・学部（部署）				
			職名	
所在地	（〒　　―　　）			
	TEL	内線：	FAX	

◆自宅◆

住　所	（〒　　―　　）		
	TEL	FAX	

◆メールアドレス◆　※携帯電話のメールアドレスは登録できません。

E-mail	

◆学歴◆

最終学歴		西暦　　　年　卒業 修了
専門分野		

◆指導教員◆　※学生会員として申し込む方は、指導教員の情報をご記入ください。

お名前	
所　属	

日本人間教育学会幹事会（桃山学院教育大学内）
〒590-0114　大阪府堺市南区槇塚台4-5-1
TEL：072-288-6655（代）
FAX：072-288-6656
担当：宮坂政宏　MAIL：miyasaka@andrew-edu.ac.jp

日本人間教育学会会則

〈名称〉

第１条　本会は，日本人間教育学会と称する。

第２条　本会の会務を遂行するために幹事会と事務局を置く。幹事会と事務局は，当分の間会長所属の大学内に置く。

〈目的と事業〉

第３条　本会は，子どもたちと教育者の人間としての成長を願う「人間教育」の実現のため，教育に関わる諸学，例えば教育哲学，教育心理学，教育社会学，教育実践学等々の学際的対話，諸研究の統合的発展を目指し，日本の教育課題に正対し，子どもたちの学力保障と成長保障を目指し，子どもたちと教育者それぞれが〈我の世界〉を生きる力と〈我々の世界〉を生きる力の双方の涵養，研鑽を目的とする。

第４条　本会は，前条の目的達成のために次の事業を行う。

⑴ 学会誌『人間教育学研究』と『教育フォーラム』の編集発刊

⑵ 研究発表会，講演会等の開催

⑶ その他の必要な事業

〈会員〉

第５条　本会の会員は次の４種とする。

⑴ 正会員

本会の目的に賛同し，会長の承認のもと，所定の会費を納めたもの。

⑵ 学生会員

将来教員を志す学部（短大・専門学校を含む）の学生，また真摯に本学会で自己研鑽を目指す志のある学生で，指導教員の承諾を得て，会長の承認のもと，所定の会費を納めたもの。

⑶ 賛助会員

本会の趣旨に賛同する団体で会長が認めたもの。

⑷ 特別会員（特別顧問）

本会の充実・発展に特に寄与するものとして，会長が認めたもの。

２　本会に入会しようとする者は，必要事項を記入した申込書を事務局に提出し，会長の承認を経て会員として認められる。学生会員については，指導教員の承諾印が必要である。

３　退会しようとする者は，文書によりその旨を事務局に申し出，会長の承認を経て，当該年度末をもって退会とする。なお，所定の会費を２年以上納入しない者は，退会となる。

第6条　本会の会員は，学会誌『人間教育学研究』に投稿し，また研究発表会その他の行事に参加することができる。投稿規定は別に定める。

第7条　本会の正会員，特別会員は，学会誌『人間教育学研究』と『教育フォーラム』の配付を受けることができる。学生会員と賛助会員は，学会誌『人間教育学研究』の配付を受ける。また，学生会員は正会員，特別会員の指導助言を受けることができる。

〈役員〉

第8条　本会に，次の役員をおく。

(1) 会長

(2) 幹事長

(3) 理事

(4) 幹事

(5) 学会誌『人間教育学研究』編集長

(6) 監事

2　会長は，本会を代表する。

3　会長は，幹事長，理事，幹事，学会誌『人間教育学研究』編集長を任命する。

4　会長に事故ある場合には，予め会長が指名した順にその職務を代行する。

5　会長は，理事会の招集，開催を必要に応じて行う。理事会は，会長から提案された年間の予算，決算，事業計画，事業報告を議する。幹事会は，理事会の議を経た年間の予算，事業計画を遂行する。

6　幹事長は，会長の指示の下，幹事会を構成し，本会の運営にあたる。なお，必要に応じて事務担当をおくことができる。

7　監事は会計，及び事業遂行の監査にあたる。監事は会長が委嘱する。

8　役員の任期は2年とし，会長は役員任期終了前に次期役員を任命し，定期総会で報告する。なお，各役員の再任を妨げない。

第9条　本会に幹事会をおく。

2　幹事会は，前条第1項第4号の委員並びに事務担当をもって構成し，幹事長がこれを代表する。

3　幹事会は，学会誌『人間教育学研究』発刊に対して必要な意見を編集長及び編集委員に述べ，発刊が円滑に行われるようにする。

4　幹事会は，会長の指示を受け，幹事長の下，日常の学会活動を効果的，円滑的に運営する。

第10条　本会は，学会誌『人間教育学研究』と『教育フォーラム』を発刊する。

2　会長は，学会誌『人間教育学研究』編集長を任命する。学会誌『人間教育学研究』は，編集長と，会長が任命した編集委員によって行う。その際，会長の指示を受けた幹事会の意見を生かし，円滑に発刊できるようにする。

3　会長は，『教育フォーラム』を編集する。幹事会は，会長の指示を受け，『教育フォーラム』を円滑に発刊できるようにする。

〈総会〉

第11条　本会は第３条の目的を達成するために，年１回，日本人間教育学会総会を開催する。また，会長が必要を認めた場合には臨時総会を開く。総会は正会員，学生会員，賛助会員をもって構成し，議事は正会員出席者の過半数の同意をもって決定する。

〈会計〉

第12条　本会の経費は，会員の会費及びその他の収入による。

2　本会の会費は，付則の定めるところによる。

3　本会の会費は，前納するものとする。

4　本会の会計年度は４月１日より翌３月31日までとする。

〈改正〉

第13条　本会則の改正は，会長が行い，総会において発表する。

【付則】

1．会費は，以下のものを納める。

正会員	5,000円
学生会員	2,500円
賛助会員	一口10,000円

2．本会則は，平成27年10月18日より発効する。

日本人間教育学会　役員

【特別顧問】

井上　尚美（東京学芸大学名誉教授／創価大学名誉教授）

横須賀　薫（前十文字学園女子大学学長／元宮城教育大学学長）

中洌　正堯（元兵庫教育大学学長）

【顧問】

浅田　　匡（早稲田大学教授）

加藤　　明（関西福祉大学学長）

古川　　治（桃山学院教育大学客員教授）

黒田　尚好（元小林聖心女子学院小学校教頭）

陣川　桂三（元福岡大学教授）

中西　正人（桃山学院教育大学副学長）

溝上　慎一（学校法人桐蔭学園理事長）

【理事会】

会長　梶田　叡一（桃山学院教育大学学長／元兵庫教育大学学長）

理事　太田総二郎（創価学園創価教育研究所所長）

理事　大谷　武彦（ＥＲＰ代表／元東京書籍編集局局長）

理事　金山　憲正（奈良学園大学副学長・教授）

理事・幹事長

　　　鎌田首治朗（桃山学院教育大学教育学部学部長・教授）

理事　杉浦　　健（近畿大学教授）

理事　善野八千子（奈良学園大学教授）

理事　中村　浩也（桃山学院教育大学教授）

理事　二瓶　弘行（桃山学院教育大学教授）

理事　松田　智子（森ノ宮医療大学教授）

理事　安井　茂喜（桃山学院教育大学教授）

理事　八木　成和（桃山学院教育大学教授）

理事　湯峯　　裕（桃山学院教育大学教授）

【監事】

監事　渡邉規矩郎（桃山学院教育大学客員教授／元日本教育新聞社関西支社支社長）

監事　高木　　章（元尼崎市立小学校校長）

●執筆者一覧（執筆順）

梶田叡一（かじた・えいいち）　桃山学院教育大学学長・日本人間教育学会会長

鎌田首治朗（かまだ・しゅうじろう）　桃山学院教育大学人間教育学部学部長・教授

湯峯　裕（ゆみね・ひろし）　桃山学院教育大学人間教育学部教授

二瓶弘行（にへい・ひろゆき）　桃山学院教育大学人間教育学部教授

中洌正堯（なかす・まさたか）　兵庫教育大学名誉教授

小森　茂（こもり・しげる）　青山学院大学名誉教授

渡部久美子（わたべ・くみこ）　聖ウルスラ学院英智小・中学校研究主任・教務部長

三森ゆりか（さんもり・ゆりか）　つくば言語技術教育研究所所長

永田里美（ながた・さとみ）　明星大学教育学部准教授

山口聖代（やまぐち・まさよ）　桃山学院教育大学人間教育学部講師

古川　治（ふるかわ・おさむ）　桃山学院教育大学人間教育学部客員教授

橋本光能（はしもと・みつよし）　桃山学院教育大学人間教育学部教授

深尾幸市（ふかお・こういち）　桃山学院教育大学人間教育学部客員教授

井上信子（いのうえ・のぶこ）　日本女子大学人間社会学部教授

教育フォーラム66

PISA型読解力

論理的な認識に導く言葉の力を

2020年8月31日　初版第1刷発行　　検印省略

責任編集　梶田叡一

編集©　日本人間教育学会

発行者　金子紀子

発行所　株式会社　金子書房

〒112-0012　東京都文京区大塚3-3-7

TEL 03-3941-0111　FAX 03-3941-0163

振替　00180-9-103376

URL　https://www.kanekoshobo.co.jp

印刷／藤原印刷株式会社

製本／一色製本株式会社

ISBN 978-4-7608-6016-6 C3337　　Printed in Japan